中国古玉器鉴定丛书

图书在版编目（CIP）数据

古玉的雕工／徐琳著.—北京：文物出版社，
2012.5（2018.6 重印）
（中国古玉器鉴定丛书）
ISBN 978-7-5010-3449-9

Ⅰ.①古...　Ⅱ.①徐...　Ⅲ.①古玉器—研究—中国
Ⅳ.①K876.84

中国版本图书馆CIP数据核字（2012）第080588号

古玉的雕工

编　　著：徐　琳

责任印制：苏　林
责任编辑：张征雁　徐　旸

出版发行：文物出版社
社　　址：北京市东直门内北小街2号楼
邮　　编：100007
网　　址：http：∥www.wenwu.com
邮　　箱：web@wenwu.com
经　　销：新华书店
制　　版：北京文博利奥印刷有限公司
印　　刷：文物出版社印刷厂
开　　本：154×230毫米　1/32
印　　张：6
版　　次：2012年5月第1版
印　　次：2018年6月第2次印刷
书　　号：ISBN 978-7-5010-3449-9
定　　价：80.00元

中国古玉器鉴定丛书

古玉的雕工

徐琳 著

文物出版社

古玉的雕工

古玉的雕工

中国古代玉雕工艺概论

　　2011年的时候我去了趟墨西哥，考察当地的玉文化，发现墨西哥及中美洲地区无论是早期的奥尔梅克文化，还是后来的玛雅文化、阿兹特克文化，其用玉传统都和我们有许多相似之处，但整体用玉的历史远不如我们长，最早也只不过相当于我们的商周时期，而且其玉文化的起源似乎可以从古老的中国找到渊源。回来后，越发感慨于中华民族八千多年的玉文化历史，至今仍是国人心底珍视的文化精粹。只是，历史已久远，古玉对大多数人来说已是深奥难懂的了。尤其是古玉的识读，因玉料珍贵，学习时不似陶瓷器有碎片标本可供参考，所以面对古玉，许多人常常感到难以接近，无从下手。

　　但是，如果您热爱玉器，观摩把玩之中必会发现玉石其实充满了灵性，玉亲人，人近玉，她并不那么难以接近。

　　研究鉴赏中国古代玉器的途径，基本不外乎料、工、形、纹四个方面。如果了解历史，能将其放回历史的大背景下考察，研究的深度就会更进一层。从基本要素看，料只要多看就行，况且许多玉料可以借助科学仪器进行辨别；造型、纹饰的鉴定通过对考古出土玉器及博物馆藏传世玉器的观摩也可逐渐掌握，实在没有机会看到真玉器，通过书籍也可获得一些知识。唯有工艺，涉及治玉技术，专业性很强，不要说外行人，即使是研究玉器的业内人士，也觉得难以入手，所以许久以来，关于这方面的论述很少，人们常常用一些笼统的语言一笔带过，真正的玉雕工艺、玉雕工具则少有人关注。

　　随着文物价值的迅速提高，收藏热的兴起，20世纪90年代以后，中国古玉造假空前繁盛。从早期的纹饰、造型的简单模仿到现在的工艺仿制，有些仿品单从料、形、纹上已很难分辨，这就迫使一些有识之士将目光投向了难度较大的工艺方面。这不仅有利于玉器的真伪鉴定，而且对研究中国玉雕工艺发展史也有着十分重要的意义。

　　"工欲善其事，必先利其器"，这里"器"指的就是工具。中国历史上每一次"民富国强"局面的出现，都是从"利器用"开始的。人类的发展史，在每个前进的阶段，总是以工具的改进和技术的进步作为民富国强的动力。

中国玉器的发展历史也不例外，每一次玉雕艺术高潮的出现，总是和工具的革新分不开，所谓的"三分手艺，七分工具"。

中国古代玉器主要以闪石玉为主，它的摩氏硬度在6～6.5度之间，其他的玉雕原材料，如翡翠、水晶、玛瑙等，硬度为7，均比钢铁（摩氏硬度为5～5.5度）高出许多，所以玉石的雕琢显然不能直接使用钢铁制成的刀、凿来刻，而必须使用特殊的专用工具，更何况史前时期还没有钢铁一类的治玉工具。

古代治玉工具，文献中记载极少。《诗经·鹤鸣》有："它山之石，可以攻玉。""它山之石，可以为错。"《诗经·国风·卫》则有："如切如磋，如琢如磨。"切、磋、琢、磨四字概括了骨、牙、玉、石的施治方法，尤其是琢磨二字，更说明了自古以来玉器的制作方法，既非刀削，亦非刻划，而是石的琢和磨。

这种石，应包含两层意义：

一种为治玉的石质工具，石砣、石刀、石钻、抛光用的磨石等等，主要应用于史前与商周早期，金属工具未普遍使用之前。

一种就是治玉必不可少的媒介——解玉砂。早期的解玉砂，就是普通的砂石，里面含有较多的比玉硬的石英砂颗粒，在与玉的接触过程中起到磋磨去料的关键作用。以砂石解玉，也使得治玉工艺最终从治石工艺中分离出来，成为一门独特的精细手工业。解玉砂，在生产实践中也逐渐分离、精选，唐宋以后，已有某地产砂优质的记载，清代更是记述治玉的不同工序需用不同的解玉砂：黑石砂、红石砂、黄石砂、石榴子石砂、宝石砂、金刚砂诸般等等。

新石器时代晚期，即有了青铜的冶炼，虽不排除此时个别玉器已使用了金属工具制作，但是，石质琢玉工具完全被金属工具替代，应到了商晚期至西周时期，铜石并用的治玉工具阶段可能经历了上千年。

青铜工具的使用是治玉的一大变革，而春秋以后冶铁技术的发展又使得玉雕工艺酝酿着新的变革。虽然春秋、战国时期还很难断定玉雕工具已完成由铜到铁的替换，此期玉器也依旧能找到青铜工具制作的痕迹，可以说铜、铁工具并用的时期亦经历了相当长的时间，但是汉代玉器的制作完全可以说是铁质工具使然，从此也开始了以铁工具为主流的中国古代玉雕工艺史。

工具的使用、进步最重要的载体就是治玉砣机的发展，它在不同时期有不同的变革。笔者参考杨伯达先生关于中国治玉砣机分为五代的观点，将中国治玉工艺史分为五个发展时期：

第一为原始治玉时期，出现并发展于新石器时代，以后的主要治玉工艺在此期多已发明。主要使用石质治玉工具，利用线切割或片切割切割玉材，刻划纹饰多使用石器。此时可能已出现了坐式或半地下坐式的原始砣机，使用横轴立砣旋转，手给动力，多人分工合作共同操作。砣具可能以石、木、骨、陶等自然材料而非金属材料制造而成。安徽的凌家滩文化、东北地区的红山文化、长江中下游的石家河文化、龙山文化等都可能已有使用原始砣具。但是，目前新石器时代出土玉器较多的文化遗址中，也有原始砣具使用痕迹不明显的文化地区，例如江浙地区的良渚文化。所以砣具是否已经出现一直是新石器时代治玉工艺中最具争议的问题。

第二为铜砣几式砣机治玉时期，基本相当于夏商至春秋早中期。此时，砣机已明确出现，时人以踞坐之姿，故使用几式砣机，安装青铜砣具，手给动力，操作上渐趋成熟，因为有了青铜金属工具的参与，速度加快。

第三为铁砣几式砣机治玉时期，从春秋晚期至南北朝时期。因人们还是席地而坐，砣机依然为几式砣机，但因为冶铁技术的提高，铁工具开始普遍使用，改用铁质砣头。此时虽依然是手动力阶段，但因铁质工具比青铜更为尖利，速度进一步提高。

第四为铁砣桌式砣机治玉时期，从隋唐—清—20世纪60年代初。此期因家具的抬高，砣机发展为高凳桌式，解放了双脚，使用铁质砣具，一人操作，足踏旋转，即为明清使用的水凳。此时因脚给动力，动力加大，手脚协调使用，速度更快。

第五为现代治玉时期，自1960年以后迄今，砣机机身由木质改为铁质，砣头改为人工金刚砂与砣片铸合在一起的钢砣，由足踏动力改为电动力，解放了玉工的双脚，速度更快。

以上五个时期，基本以中国治玉工艺中工具的发展进步而来，虽然对应了某段的历史时期，但需要指出的是，任何一门工艺技术的进步都是一个逐渐摸索、长期积累经验的过程。技术的改革也是先在小范围内试验，然后逐渐推广、传播，不仅受到地域的限制，其地区经济发达与否也至关重要，所以，一个新技术的完全推广、更新，需要经过相当长的时间跨度。

玉器制作尤其如此！

古代玉雕工艺是一门纯粹的手工艺，从史前石质工具为主体的玉雕工具过渡到青铜工具，再而至铁质工具，经历了几千年才最终定型，期间因地区发展不平衡以及经济水平的限制，不同材质工具的并用阶段是存在的，不会在某个朝代伊始就猝然更换，所以朝代的更迭并不代表技术的立即进步，以上五个分期，尤其是前四期并不与历史朝代的分期完全吻合，而存在渐变进步的特点。更何况，中国古代一直有着"工之子，恒为工；农之子，恒为农"的制约，使得玉器制作局限于口耳相传、秘不示人的作坊内。技艺的保守性决定了治玉工具更新的缓慢性，故中国玉器的雕琢常有造型纹饰以及技术革新缓慢滞后的特点。其中最重要的治玉工具——砣机就是在缓慢发展中逐渐变革的。

史前是否使用圆形旋转工具——砣，专家们至今还争论不休，其原始砣机的模样亦在人们的臆测之中。从制陶的快慢轮车使用、辘轳的发明、纺轮的大量使用看，出现依靠人工轴动力旋转，从而带动圆形砣具转动对玉进行切割、琢磨的原始砣机似乎应在情理之中，但因考古至今没发现公认的砣具，对出土器物上的痕迹解释亦众说纷纭，所以无法明确新石器时代玉器制造是否用砣。而对此期玉器工艺的模拟试验虽已引起专家们的注意和参与，但大量的是对线切割技术、片切割技术和钻孔工艺的模拟试验，至今没有一人进行过砣具试验，原始砣切割或砣刻的痕迹到底何种模样不得而知，故将诸如红山文化、凌家滩文化以及良渚文化等几个具有代表性的新石器文化遗址中出土玉器上的痕迹断然认定为线切割工艺，纹饰雕琢亦否定为砣工艺的论断也显得牵强，缺少说服力。因此，对这一问题的解决，模拟试验固然需要，但试验的全面性、科学性亦非常重要，对结论的解释也需要令人信服的证据。这一切，还期待着考古模拟实验的全面性和科学性，期待着考古发现及学人们的共同努力。

在没有高凳出现以前，几式砣机一直是玉雕工艺中重要的载体，人们席地而坐，似乎决定了砣机的式样，由史前到商周再到秦汉，由非金属工具过渡到金属工具，虽然我们无法在文献中找到这种几式砣机的图像，但通过留下器物的雕琢线条，依然能猜测这种几式砣机的模样。

考古发现一直未见有圆盘金属砣具的迹象，困惑着许多学人。笔者通过对古代工艺的考察，结合一些近现代玉雕大师的传记资料，常常发现这么一个现象：玉器在制作的过程中，工具其实一直在磨损，解玉砂可以解玉，但同时对工具也有很大的磨削作用，所以玉匠常常会把大铡砣用成小錾砣，再用成钉砣等。这是否是为什么到目前为止一直没有发现砣具的原因解释呢？当然，世代相传的手艺必定会有世代相传的工具，而工具是很少陪葬在墓中的，这也应该是我们没有考古发现砣具的原因之一。另外，金属工具的可再熔铸性也可能是一个原因。不管怎样，没有发现砣具并不能否认砣具的出现，否则就不能解释《天工开物》中成熟琢玉机的出现。

隋唐以后，高凳逐渐走入人们的生活，改变着他们的起居方式，但如明代宋应星《天工开物》中描绘的琢玉砣机，是否在唐代已完全取代几式砣机，笔者还持怀疑态度。隋唐五代之时，玉器的碾制并不发达，至少目前考古出土与传世者甚少，工具的革新可能是一个缓慢的过程。工匠习惯不同，地域不同，故长期以来几式砣机可能与高凳式砣机存在并用的阶段。从治玉痕迹及玉雕艺术的发展看，高凳式砣机完全取代几式砣机应在宋代，以后才定型并发展。

钻杆式工具也是玉雕工具中的一个重要组成。其结构比起砣机来简单得多，也灵活得多，主要由拉丝弓、杆和钻孔工具组成，手拉丝弓使杆转动以带动桯钻或管钻旋转。

钻杆式工具史前已发明，期间虽然经历了由石质钻头发展到金属钻头的过程，但简单灵活的形式基本没变。实心钻孔工具在史前出现没有任何异议，因为不仅在多个文化遗址中发现了石质钻头，而且凌家滩文化中还发现了带有螺丝纹头的石钻头，这为史前钻孔工艺的发达做了最好的诠释。

但史前空心管钻的工具质地之谜依然众说纷纭，有人主张为竹管、木管、骨管，也有学者认为已经出现了金属管。无论怎样，史前治玉中管钻技术的发明比起实心钻来说是一次重要的技术进步，不仅是解玉砂使用的最好诠释，也为后世掏膛、去料技术的出现打下了基础。

钻杆式工具和钻孔技术的成熟、发展在许多玉雕工序中发挥着作用，尤其在镂空、掏膛、去料、深浅浮雕去地中均扮演着重要角色，甚至在一些阴刻线、字迹的刻划中也少不了实心桯具的身影。清代乾隆年间大型玉雕的出现，钻杆式工具发挥了巨大作用。将中国古代玉雕工艺推向顶峰，钻杆式工具功不可没。

中国古代玉雕工具和治玉工序的完善发展是相辅相成的。治玉业发展到清代不仅能在李澄渊的《玉作图说》中看到完整的一套工序，而且为了适应碾制过程的复杂和精细工艺，无论是宫廷造办处，还是苏州玉器行，都细化有画样、选料、锯钻、做坯、做细、光工、刻款、烧古等行业工种。一件玉器需要这些工种的玉匠分工合作才能完成，这是玉雕行业繁盛和市场化的标志。

一次与地质界的一位老前辈聊天时，经提醒，忽然想到了另一个在玉雕工艺中不可忽视的要素——速度。滴水穿石，水之所以能穿透石头，除了日积月累的时间外，重要的就是那种速度，所以在现代高压的力量下，才有了因速度极快可以用水切割钢板的机器，穿石更不在话下。这里速度在玉雕工艺中是起到了相当重要的作用的。

虽然学术界至今对史前时期砣的出现还有争议，但笔者认为，在纺轮、快轮制陶已经大大发展的社会背景下，史前简易钻杆式工具，利用轴旋转的原理，已经使钻孔速度加快了，所以此时能旋转且有一定速度的砣没理由不出现。砣的出现，必然使切割速度加快，并能随心所欲地雕琢线条。只是史前的砣头可能为石、木、竹，这些材质的砣具即使借助解玉砂的磨削之功，因阻力太大也无法与以后的金属工具相比。商周以后金属砣具的出现又一次提高了速度，因此，许多复杂而难度较高的工艺在这时出现。治玉工艺在几式砣机、解玉砂、金属砣具以及更快的速度中得到了进一步发展。

东周至汉代，铁器逐渐广泛应用。铁比青铜工具更锋利，速度更快。隋唐以后高凳桌式砣机的出现，使脚踩动力替代了手动力，动力加大，速度亦会更快。这也是在同样铁质砣具的条件下，隋唐明清的玉雕工艺比前代更为先进的原因。而现代电动砣机则使治玉的速度一下提高了上千倍，这种加速度是古代社会无法比拟的。但要说明的一点是，速度的提高、治玉工艺水平的提高并不代表玉雕艺术水平的提高。

在中国古代玉雕中，还有一个重要的因素不容忽视，那就是——人，即中国古代的治玉者。治玉者的身份地位与其他所有手工艺者的不同之处在于，他们有一个由高到低的地位转变。虽然我们无法确定新石器时代这些神秘的玉器是谁雕琢而成，但可以肯定的是，能设计玉器并掌握高难度雕琢技巧的人，可能也是本部族的显贵者，掌握着一定的部族神权。当然他们具体的身份到底是什么，我们不得而知，只是可以肯定，当时玉器的设计者及治玉业者的地位是较高的。

进入文明社会，王权的加强，神权的衰落，使象征神圣的玉器渐渐也走向装饰化、程式化。此时治玉者的地位也在逐渐下降，沦为普通的手工匠人。虽然他们制作出来的是阳春白雪的玉器，但是工匠们却是下里巴人。清代末年，北京玉器行业就曾流行这样的打油诗："嫁女不嫁琢玉郎，一年四季守空房。磨破十指血淋漓，卖儿卖女饿断肠。"

社会地位的低下，使历史上各代的琢玉手工艺人，鲜有留下名字者，即使有所记录，如秦代的孙寿、烈裔，宋代的赵荣、林泉，也均是被一笔带过，唯明中晚期玉工陆子刚在史籍中被多书了几笔。清宫造办处的玉匠，虽能在清宫活计档中找到些鳞爪，也都是进不了正史的。但就是中国历代这些默默无闻的玉工，创造了中国玉雕的辉煌，工艺的传承发展也铸就了中国玉文化的源远流长。所以，我们在欣赏每一件精雕细琢的玉器作品时，不仅要欣赏玉器本身的美韵，更要体会作者的思想，与古人对话，理解其所赋予玉石的艺术生命。人的生命是短暂的，但玉石一旦经玉工们赋予它们以生命，即会千古长存。

总之，中国古代治玉工艺包括了砣机、工具、解玉砂、速度和人五方面的要素。在人的作用下，前四方面的每一次变化都使得治玉工艺更进一步，从而创造了古代玉雕艺术辉煌的成就。

由简单到复杂，由模糊到清晰，治玉从普通的治石工艺中分化出来，独立成了一个充满神秘色彩，唯有最高权利者才能享用产品的艺术门类。古代玉雕工艺由此走过了八千年的历史，由神玉走向王玉，再由王玉走向民玉，虽然明清玉器变得世俗化、商品化，但这种世俗的商品依然是贵族、富人、文人享用之物，其产品的精神实质并未改变，依然是阳春白雪。

古人将治玉称为琢玉、磨玉甚或碾玉，而非刻玉，不仅描述了玉器的施治方法，而且最为形象地表现了玉器制作的缓慢、不易，需要精心地去琢、去磨、去碾，而非一挥而就地刻那样简单。所谓"玉不琢，不成器；

人不学，不知道"，在这里，玉之雕琢成器被喻为了人之成材得道，可见治玉过程的不易和成器的品质。

偶尔翻书，看到《周易象辞》中一个"理"字，曰："理，治玉也，从玉从里，物之至坚者，无逾于玉，然其中自有纵横离合之纹理，以治玉之功视之分明，如田土之疆里也。"理，作为一种治玉的方法，更体现了一种审玉、读玉、解玉之法。

对于中国古代玉雕工艺这块大"玉"的解理，犹如古代治玉工艺技术一般，实在太过复杂。笔者在撰写此书的过程中，常常是今天推翻昨天、昨天推翻前天的观点，往往认为定论的思想在查阅资料和细看实物时又疑惑不解，矛盾与迷惑的心理常常困扰着自己，苦不堪言。但是，本书的写作也使笔者将目光由原来注重玉器的造型、纹饰、用玉的思想转而集中在玉器工艺的研究上。从工艺的角度看玉器，竟然是另一片天空，如此多的未知，如此多的待解之谜，甚或如此多的疑惑不解，均令人兴奋，使人期待，尤其返过来看以前的研究，竟有许多新的收获。

于是我期待着在故宫每一天的工作，因观察玉器上面的每一个细微痕迹，能有所思考，有所发现；也期待着一个个考古新发现，因一个细微的迹象，能解决一个大的问题。

面对前人研究的成果，各家之学术观点笔者是尽可能地吸收。"理"玉的过程是艰难的，如今仍有许多疑惑之处和未解之谜尚留心中。自感本书的不足之处多多，在此期待方家的指教。

目 录

002···新石器时代玉器的雕工

002···玉雕工艺的起源

007···新石器时代玉雕工艺及工具

034···夏商周时期玉器的雕工

034···玉雕工具与玉雕作坊

040···夏商周时期的玉雕工艺

055···春秋战国至魏晋南北朝时期
　　　玉器的雕工

055···玉雕工具和玉雕作坊

062···春秋至南北朝时期的玉雕工艺

083···隋唐至明清时期玉器的雕工

083···玉雕工具及玉雕作坊

100···隋唐至明清时期的玉雕工艺

141···中国古代玉雕常用工具及工艺流程

141···古代玉雕常用设备、工具和辅料

156···古代玉雕工艺流程

166···古代玉雕工艺术语

新石器时代玉器的雕工

玉雕工艺的起源

玉石分化

"玉，石之美者。"这句古人对玉的界定表明了玉、石之间特殊的关系，早期的玉离不开石，玉、石同源。而探讨中国古代玉雕工艺的起源也一定离不开远古石器制作技术的发展，两者有着密切的关系，可以说玉雕工艺是从治石工艺中分离出来的。

在制作石器的过程中，可能早至旧石器时代，人们偶然发现一些美丽的石头具有特殊的质地，做出来的器物具有一种神秘的光泽，其光滑莹润令人喜爱，从而将它们从石器中区分出来，这其中就包括了闪石玉、玉髓、玛瑙、水晶等天然美丽的矿石。慢慢的古人提高了对玉料的鉴别，从偶然的拾得到专门的寻找，并将玉料专用于制作装饰品及精神层面的象征性的礼器。这是玉器出现并发展的一个渐进过程，也是从玉石不分到玉石分化的过程。

目前我们所见到最早的真玉文化（即闪石玉文化）出现于公元前6000年左右的兴隆洼文化，但这未必是中国真玉文化的开始，在此之前，应有一个漫长的玉石分化的过程。

虽然还不清楚玉器最早何时出现，但有一点是可以肯定的，即玉器的制作和石器的制作工艺密不可分，玉雕工艺是从石雕工艺中脱胎而来的。这一点从两个方面可以得到证明：

首先，许多玉器上的加工痕迹和石器上留下的制作痕迹十分相似，尤其表现在一些玉质工具上（图1-1）。

其次，目前发现的许多新石器时代玉雕作坊是与治石工场合为一体的，其中不仅有玉器的生产，也发现有大量石器的生产和石质工具。如江苏丹徒大港镇磨盘墩遗址及江苏句容丁沙地遗址的第二次发掘，不仅出土有玉器、玉料，还有各类石器及石质工具。

图1-1 玉斧，3000BC－2000BC，新疆楼兰古城西南出土，玉斧首先由打制和琢制而成，上部还残留有琢制的痕迹，刃部两面再磨制而成，十分锋利。制作方法同石器制作方法相同。

这不仅说明治玉工艺最早源于治石工艺，部分玉器的生产可能是石器生产的一个分支，而且石器反过来也是治玉的主要工具，这些作坊出土的一些石质工具很多一部分可能是治玉工具。

玉石分化以后，玉器渐渐不再制成某种生产工具，而逐渐成为远古人们的一种精神寄托，不仅仅扮演着装饰品的角色，更多的具有了一种和神或上天沟通的功能。所以许多新石器时代的玉器，有着精美神秘的花纹、奇特莫测的造型，这些是石质品中所缺乏的。人们赋予玉器更多的精神的因素，成为了人神沟通的载体。故治玉工艺虽源于治石工艺，但在雕纹及研磨抛光方面却比治石工艺更进一步，有着自己独特的工艺手法。

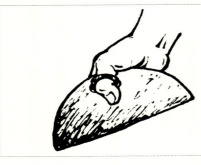

图1-2 江西修水跑马岭出土的磨制石刀，石刀上的钻孔和使用示意图。

以后逐渐发展成为了专门的玉雕手工业，有了专门的玉雕工匠以及一套完善的玉雕工序。

砂子创造的奇迹

可能就是在磨制石器的过程中，原始先民发现了砂子的神奇效果，将砂子用于石器的制造。他们发现用麻绳或石器掺和不同粒度的砂浆（砂子和水），不仅可以将许多石器剖切规整，而且能够磨制精细，抛光精亮。同时，用尖状器蘸着砂浆还可以在器物上打出各种孔洞。由此，砂子的磨削作用被人们发现并熟练应用，它为玉器的制作创造了可能性（图1-2）。

尤其在进行管钻钻孔时，砂子的媒介角色明显见效。一些质地较软的材料，如竹管、骨管得以借助砂浆将坚硬的石器钻穿，这大大开辟了古人的视野。从此，工具的软硬不再是问题，以硬碰硬被软硬兼施所代替，麻绳、皮条、竹管、骨器等各类质地较软的工具都可以成为治石及玉雕的工具。

在治玉过程中所用的砂子，我们又称其为解玉砂。

图1-3 江苏张家港东山村遗址发掘的崧泽文化90号墓中，随葬一件石锥（质地为含铁量较高的矿石）、一件砺石、一堆石英砂，可能是一套制玉工具，石英砂可能是当时所用的解玉砂。

最初人们使用的解玉砂，可能就是在河岸边随机取得的，粗细不匀。但在治玉的过程中，性脆的砂子逐渐被磨削、脆裂为更小的颗粒。将之逐步收集起来

可能是最早无意识地分选解玉砂。逐渐地，人们就开始有意识地筛选不同粒度的砂粒。粒度较粗的砂子可以用来开璞、成形，粒度较细的砂子则用来辅以雕纹、抛光等。治玉的各个过程，就是利用不同粒度的解玉砂，最终得到精润光滑的玉器（图1-3）。

另外，砂岩的作用也不可轻视。在目前发现的新石器时代治玉作坊遗址中，均发现有为数不少的砂岩质磨砺石器，有条形、棒形、球形等，形状各异。按照打磨面形状的不同，还可分为平面、凸弧面和实心钻形等。这些砂岩，可以更便捷的用于磨砺玉器，抛光等。

原始的玉雕作坊

新石器时代玉器的大量发现说明，必然应有玉作的场所。

目前发现的玉雕作坊，较为明确的以江淮地区和太湖流域文化遗址居多，除前面提到的江苏句容丁沙地、丹徒磨盘墩遗址以外，还有安徽凌家滩文化遗址，浙江塘山、德清杨墩良渚文化等多处治玉作坊遗址。它们有些与治石工场在一起，有些则似乎已与治石作坊分离出来，成为独立的生产单位。而作坊中所见到的治玉工具，则大多以各种石质工具为主。

浙江塘山治玉作坊遗址中发现有各种大小、形状不同的玉料及玉器半成品、残件等100余件。玉料上均留有切割痕迹，以片切割为主，少量为线切割。相当部分的玉残件可辨器形，有琮、璧、钺、镯、锥形器、管珠和管钻的内芯（王明达等：《塘山遗址发现良渚文化制玉作坊》，《中国文物报》2002年9月20日）。

安徽凌家滩文化中的治玉作坊虽然还未正式发掘，但西北区有几座墓的主人明显是玉石匠，因为墓中分别出土有多件玉石料。

其中最突出的是98M20。该墓随葬玉器12件，石器45件。玉器中有玉钺、宽体细齿玉璜和玉镯

图1-4 玉芯，安徽含山凌家滩文化墓地98M20出土。玉芯质地多样，形制大小不一，厚薄不同，有单面管钻和两面管钻，最小的玉芯直径只有0.2厘米，大的玉芯直径1.5厘米。墓主身份似为玉匠。

图1-5 安徽含山凌家滩文化墓地98M23中石钻、砺石、玉芯的出土情况。说明这是一治玉工匠的墓地。玉芯为管钻打下的余料，石钻为钻孔时用的工具，砺石为研磨玉石器的工具。

等，石器中有大量的钺和锛。除此外，最为重要的是随葬有111个玉芯（图1-4），据发掘者介绍这些玉芯与现有出土玉器的孔没有一件吻合，认为这些玉芯的玉器有可能交流出去了，或者在凌家滩还没有被发现。这座墓主人身份似为玉匠，并根据墓中随葬有4件玉璜、6件玉钺，认为墓主人不是一般的玉匠，而是管理玉匠的人员。另外其他几个墓除出土玉芯、碎玉料、石料外，还出土石钻和砺石（图1-5）。

本区10座墓中就有5座的墓主人可以确定为玉匠或玉石匠。留存的玉芯说明当时生产规模很大，可能为外销。本区死者生前应是一个以玉石制作为主的家族（《凌家滩——田野考古发掘报告之一》）。结合凌家滩玉器所反映出来的加工玉器、水晶的高超技术，可以推测当时的治玉工艺和治石工艺已经有所分离，逐渐成为独立的专业。在玉器制作的过程中还可能已经出现了分工协作。M20出土以玉芯为主的玉料，是否也说明墓主专以钻孔技术擅长。在凌家滩文化治玉过程中，已经出现了分工不同与各有所长。

新石器时代玉雕工艺及工具

根据目前考古出土品上留下的痕迹推测，新石器时代的治玉工艺大致分为采玉、开璞、成形、钻孔、打磨、雕纹、镂刻、镶嵌和抛光等，已具备了后世玉雕工序的基本过程。

采　玉

新石器时代，中华大地上生活着一个个氏族、部落。当时人们生活受生产力水平和自然地理环境的限制，形成一个个较为封闭的文化圈，因中国是一个玉矿资源较为丰富的国家，这些文化地区的玉料来源多是"就地取材"。

这些"就地取材"的玉料，很大一部分来源于河中捡得的籽玉，它们经过流水常年的冲刷，表面圆润，并露出玉的精莹光泽，极易被古人识别。据说在中国东北部的西拉沐沦河上游，嘎拉德斯汰河，查干沐沦河等流域，现在的文物工作者还偶然能在河流中捡到璞玉，有些玉料色泽、质地与红山文化用玉十分接近。

而就目前发现的新石器时代各个文化区的玉器来说，个体并不大，有些还带有玉石的原皮，如浙江塘山治玉作坊遗址发现不少玉料一面有原生的玉皮。笔者所见目前最大的一件籽料，也是最大的一件新石器时代文化玉器，是2007年凌家滩文化墓地出土的一件玉猪，据安徽省考古所张敬国先生介绍，这件玉猪重88公斤，长72厘米、宽22厘米、高32厘米（图1-6）。

除从河中拾得大量珍贵的玉石料外，古人可能已在开采石料的过程中，找到过裸露在外

图1-6　玉猪，安徽含山凌家滩文化墓地出土。为目前发现最大的玉器，头部有部分凿痕，草草勾勒出猪头的轮廓，胸腹以下均不再雕琢，保留籽料的原形。

的玉矿。这些玉矿因被水冲刷而外露，亦可能崩落为零星砾块，再顺水流而下，渐渐形成籽料。对这些裸露在外的山料，有学者认为已经有所开采，估计开采的方法与采石相似，可以通过烧烤，再泼冷水，使之炸裂的方法来开料，也可以用石凿来打击，劈下玉料。

史前玉文化较发达的地区，在其附近都有玉矿形成的条件，并且在地质与文物工作者的努力下也已找到了一些玉矿。但古玉矿，尤其是史前时期人们开采玉料的玉矿口至今还没有发现，凌家滩出土的玉猪已是当时的大型玉器，以原始的生产力条件来看，史前人们是否已经有意识、有规模的开采山料还有待进一步证实，各地玉料的真正来源也需要进一步探索。目前来讲新石器时代玉料的来源应还是以河中所采的籽料为主。

开璞与成形

开璞就是去掉玉料外面被风化或氧化的玉皮，或者玉璞外的石质部分，使玉材内的玉质得以暴露。

图1-7、8　玉璞，齐家文化。玉璞一面以片切割形式切开，露出中间青绿色玉质。

开璞可以用石凿、石锤、石斧来琢击，也可以用石片或软性线状工具加解玉砂和水进行切割（图1-7、8）。

玉璞开好后，就要对玉料进行设计，制成一器或多器。首先是成形，即将玉器的大致形状制作出来。在新石器时代，成形的主要方法是切割，打制与琢制。

切　割

分片切割和线切割，个别地区可能使用了砣具切割。

片切割　就是用较薄的石片或者石刀加水蘸砂在玉料上来回锯

割，一般留下较平直的痕迹，器物的切剖面会有平行的直线纹（图1-9）。古人也可能使用削直的竹片、木片、骨片加水蘸砂进行切割，但这些工具本身损耗很大，故石质工具的使用可能最为普遍。新石器时代各个文化遗址都出土有石刀，有些刀刃部平直较薄，用来作为片切割工具切割玉料非常合适。

图1-9　毛利人是新西兰岛的土著居民，也是一个喜爱玉器的民族，他们把当地产的玉称为绿色的石头，大约1000年前还在使用较为原始的治玉方法。他们将玉料固定在树桩上，将石刀绑在木棍上，加砂加水进行切割。从中可以想象中国远古时期人们切割玉料的方法。

　　使用片切割方式的玉器在新石器时代多个文化中均有所发现，如兴隆洼文化、红山文化、凌家滩文化、良渚文化、石家河文化、齐家文化等（图1-10、11、12）。

　　另外，片切割还有两种切割方式，一种是以锯体的长边为刃缘来切割形体较狭窄的玉料，切割时片锯常从多角度切入，因而往往在切割面上留下弧曲不一致的短弧线（图1-13）。另一种是以长条形薄体片锯的短边为刃缘，以斜向或垂直的角度切入玉料，因短边刃缘在较长距离的切割运动中，中段的作用力最大，所以切割槽的底缘常常呈现中段的某一部位最深的凹弧线（图1-14）。

　　线切割　"天下之至柔，驰骋天下之至坚"，老子这一哲学理念，也是对新石器时期发明线切割技术的最好诠释。

　　线切割就是以软性的线状工具加砂加水对玉石料进行切割。从科学原理上讲，其实真正起切割作用的是比玉硬的砂子，砂子在线状工具的带动下来回移动，对玉料起到磨削作用。

　　古人使用线切割的工具可以是麻绳、兽皮条等，但据实验考古的经验，麻绳的切割效果比皮条要好得多，因麻绳纤维中的孔隙可以附着大量的解玉砂，作为砂粒的载体非常合适。而皮条因无法容纳砂子，砂子容易游移异位，带动砂子

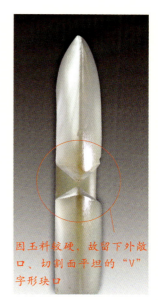

因玉料较硬，故留下外敞口、切割面平坦的"V"字形块口

图1-10　玉髓玦，兴隆洼文化，内蒙古地区征集。玦口采用片切割，对切，因玉料较硬，达到7度，对工具磨损较大，故留下外敞口、切割面平坦的"V"字形块口。

玉料上留下的平直切割痕迹

图1-11 齐家文化玉料上留下的平直切割痕迹，表现为一条平直的线，是切割时，对接不准，也无法打磨掉留下的。为片状工具的切割痕迹。

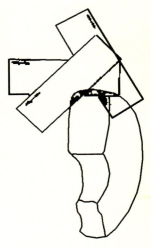

图1-13 多角度的片切割方式。

图1-12 玉璜，湖北天门石家河文化肖家屋脊遗址出土。玉璜一面残留有片锯切割的平直痕迹及槽痕，以及从中间敲断形成的锯齿形痕迹。

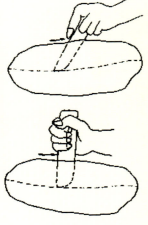

图1-14 手持短刃进行片切割的方式。

的功能小得多，损耗十分大，效果比起麻绳差很多。推断使用麻绳加砂加水进行切割应是古人最好的选择，有学者也将其称为砂绳切割（图1-15）。

线切割技术在新石器时代的多个文化区中均有发现。可能当时有弓线切割和手拉动线切割两种形式。前者是将绳绑在弓上进行拉割，后者是两人拉动绳的两端，或在绳两端系上木棍（以便

图1—15 将玉料固定，用普通麻绳，蘸湿砂对玉料进行来回拉切运动，进行切割玉料的模拟试验。4毫米粗的麻绳在不断更换下，约半小时能将4×5厘米的玉料截断。

图1—17 小南山石材中一块石料的第二个加工面，为弧线绳切割相对切割，留下抛物线痕迹，到中间时形成了一个相对的弧，此时不再切割，直接打击断裂。由此可参考玉器上留下的线切割痕迹。

图1—16 黑龙江饶河小南山出土的石材，利用线切割技术将其剖为三块，从侧面可以看出由于晃动及用力不匀在三件石材之间产生的少许波状起伏，此为绳切割的特征，与平直的片切割侧面不同。

握紧）进行对拉切割。

使用线切割在器物上留下的痕迹十分明显，由于两头用力，容易用力不匀而与切入面间产生晃动，故玉料截面上极易留下凹凸不平的弧线痕。如果用力规则，也可留下较为规整的抛物线形（图1-16、17）。

红山文化的玉箍形器，均采用了去料取芯的做法，但并非使用管钻，而是线切割技术。先将玉箍料毛坯制成椭圆形，上下两端切割修整平齐。再用凿或尖状器在箍芯上凿出凹槽，以实心钻打孔，然后以软性线形工具穿入孔中，加砂加

图1-18 线切割制作玉箍形器示意图。

图1-19 玉箍形器，红山文化，辽宁建平—凌原牛河梁第二地点一号冢4号墓出土。玉箍内孔留下的线切割痕迹。外壁已打磨光滑。

图1-20 玉璜，安徽潜山薛家岗文化遗址出土。上面满布弧线切割痕，但弧线因手拉力量的不同有所不同。

水，沿着器壁进行线切割。环切一周或相向拉切可将玉芯取出。最后将器壁及两端边缘修磨平整，打磨抛光即可（图1-18、19）。线切割可以掏出一个完整的玉箍形器的内芯。

线切割时，如果砂绳绷的较紧，切割痕迹也会较为平直，可称为直线绳切割（图1-20、21）。

砣具切割 从考古出土器物的某些痕迹分析，新石器时代，可能已经使用了砣具。例如安徽凌家滩文化、东北红山文化的玉器中，纹饰的雕刻线，均发现有可能为砣具雕刻的痕迹。

但对于开料与成形方面是否使用砣具，目前还不能十分肯定，学术界也存在不同看法：有学者认为，太湖流域到了良渚文化晚期，可能也会用砣具切料成形了，上海福泉山出土的玉钺上，就有同向且等径的弧形切割线，玉璧心上也有细密规整的砣切割痕。也有人认为，良渚文化晚期已经开始了砣切割，同时继续使用线切割。但对于许多器物上的弧线痕迹的认定，是砣切割线还是线切割痕，学术界争论尤为激烈。

对于这些问题，笔者认为无论怎样的争论，其关键在于要进行模拟试验。现在虽然已有部分研究者在做这类试验，但主要集中于线切割的模拟，对于砣具切割的模拟试验还未进

图1-21　玉盖，浙江瑶山良渚文化遗址出土。器物从两端线切割，中间磨平。上端由于砂绳绷的较直，所以留下的弧形痕迹弯曲度不大。

行，所以史前工艺中砣具切割到底能留下怎样的痕迹？是否能和某些玉器上留下的痕迹一致？谁都无法说清，而砣切割和线切割的痕迹比较更无从说起。所以断然否定砣切割的存在，而认为玉器上的弧线开料痕迹均为线切割痕也无法令人信服，这一切都需要较为权威的实验考古证明。另外考古发现砣具也是解决问题的一个关键。

打制与琢制

打制与琢制，是石器的主要制作方法，但在玉器的成形阶段，部分文化地区还保留有这种工艺，尤其在玉工具及玉兵器的制作过程中。

打制　玉器的打制法同石器打制法一样，多采用徒手直接打击法。一手持原料，另一手持锤状工具直接打击，将玉器粗坯打制成型（图1-22）。

图1-22　玉锛，兴隆洼文化，内蒙古兴隆洼遗址130号房址出土。玉锛顶部留下的打击破裂面，为打制痕迹。

琢制　琢制法是以石琢在玉石器上垂直打击，打下屑状粉末，形成点状痕。琢玉二字，其实保留了中国玉器

图1-23、24　内蒙古兴隆洼遗址出土的大小不一的石琢及石器上留下的琢痕，石琢多为圆球形。兴隆洼时期石器和玉器的毛坯都流行使用琢制。

图1-25　玉璜，安徽含山凌家滩文化遗址出土。为2件四分之一圆合成一个半圆，玉璜对接处各钻一孔，并打凹槽，使用时以线连接，这种成形方法的玉璜在江淮北阴阳营文化中也常见。

工艺中最古老的"玉谓之琢"的传统（图1-23、24）。

组合成形

这种成形方式主要表现在一种特殊形制的玉璜及玉环上（图1-25、26）。如安徽含山凌家滩文化、江淮地区北阴阳营文化出土的对接式玉璜及西北地区齐家文化出土的联璜式玉环。

图1-26　联璜式玉环，青海民和齐家文化喇家遗址出土。由三件玉璜两头打孔连接而成。围在一起，又称为玉围圈。

钻　孔

新石器时代钻孔的方式主要有三种：凿琢法、实心钻孔、空心钻孔。后两种是新石器时代玉雕的常用方式，多为两面对钻。

凿琢

即将坯料固定，用尖锤具小心锤凿，或两面锤凿，通透以后如感觉孔小，也可采用扩孔方法扩大。此种方法在石器上较多见，玉器上少见，是一种相对落后的打孔方法，南方深圳西丽新石器时代遗址中出土的水晶环、玦类半成品上还可看到如此的加工痕迹。

图1-27　玉璜，马家浜文化，江苏江阴祁头山文化遗址出土。两头穿孔为实心钻对穿，呈现外口大，里口小的现状。

实心钻

俗称桯钻，钻杆为实心，钻头一般较尖。在钻孔旋转的过程中钻头边缘磨损较大，实心的钻杆，不易排出钻屑，所以转速慢，孔部常出现外孔大，内孔小的表象，孔眼一般较小（图1-27）。实心钻技术不仅应用于玉器的打孔，也应用于玉器的镂空定位及动物眼睛的制作（图1-28）。

实验表明，以燧石、黑曜石、石英、玛瑙等制成的石器用来作为实心钻的钻孔工具十分合适。新石器时代较多文化地区出现的细石器，许多就是钻器和雕刻器（图1-29、30），它们大多硬度大于玉料，不易折断，而密质骨器制成的钻器因硬度不高容易折断。经试验，徒手或把这种钻头装在木柄上，用人力加砂加水在玉料上钻孔是完全可能的。那种尖角三棱形钻具还有一定的旋削、扩孔功能。新石器时代许多玉器的孔都曾经过扩孔而成，故常常不是很圆。

除了利用石器的尖角进行钻孔以外，原始先民已经有意识地制作钻具，并已发明钻杆式工具（图1-31）。

考古也发现专门制作的石钻头、玉钻头，还

图1-28　玉人面，良渚文化，江苏吴县张陵山5号墓出土。玉人眼睛用桯钻打窝表示，上冠和身部镂空处，先用桯具打眼镂空定位，再拉丝成孔。

图1-29　石钻头的各部分示意图。

图1-31　将石钻头捆绑在木棍或竹棍上，可制成钻杆式工具进行钻孔。

图1-30　东北地区出土的T字形的细长锥状器，可能是钻孔用的桯钻。

图1-32　石钻，安徽含山凌家滩文化墓地出土。通长6.3厘米，表面琢磨的较为平滑，器呈不规则形，钻柄的两端各有一粗细不同的螺丝钻头，粗钻头已被磨平，两端均有使用痕迹，器柄一面有一组凹槽，应系皮带或绳索固定之用，这是目前发现中国最早的真正明确为钻头的钻孔工具。

有木质钻头，它们是明确的钻孔工具，有些制作工艺还十分先进（图1-32、33）。

原始的钻杆式工具在新石器时代已经出现。新西兰原始毛利人发明的一种利用钻杆式工具钻孔的方式，可以借鉴想象复原（图1-34）。这种原始钻杆式工具的使用比纯粹徒手施力进行钻孔功效提高很多。

空心钻

又称管钻，可能在新石器时代早期就已发明。管钻穿孔是一次玉石器制作的技术革新，是对解玉砂使用的最好诠释，它使质地较软的工具成为玉雕工具，对于大孔的打钻也起到了事半功倍的效果，不仅节省了玉料，而且为以后掏膛技术的出现打下了坚实的基础（图1-35）。

最早的管钻可能仅是简单的徒手钻孔。管钻因空心能够迅速排出废屑，摩擦面也小，所以转速比桯钻快，省劲。但是管钻在钻的过程中会有磨损，头部越来越细，如果更换钻头，孔壁上就会留下一些直角的台阶痕。

由于在玉料内钻孔越向下越费力，所以新石器时代大多数玉器都是两面对钻，以减少夹塞阻力，提高速度。但双面定位易出现偏差，

图1-33 石钻，安徽潜山薛家岗文化墓地出土。长7.7厘米，钻身有穿孔可系绳，显然是装在简单的钻杆式工具上的钻孔工具。

图1-34 毛利人利用钻杆式工具钻孔的方法，简单易行，可一人操作，可以借此想象中国古代钻杆式工具的形象。

图1-35 齐家文化玉料上留下的管钻痕迹。

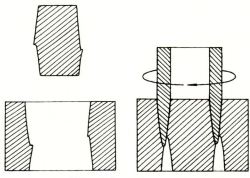

图1-36、37 管钻双面钻孔示意图，因定位不准，易出现错位台阶痕。

图1-38 玉芯，安徽含山凌家滩文化墓葬出土。管钻出来的玉芯，有两面对钻留下的错位台阶痕。

所以两面对钻的孔内往往出现错位的台阶痕（图1-36、37）。另外，由于转速较慢，管壁上常会出现间距较宽的螺旋纹（图1-38）。如果管钻工具较厚，管壁也会相对较厚。而如果用竹管等质地较软的管状工具，解玉砂同时对它们的切削作用更大，钻孔常会出现上大下小的喇叭口状态。以上均为较为原始的管钻钻孔形态（图1-39）。

管钻一般应用于较大孔的钻孔，但也有小孔用管钻的。凌家滩文化玉器就有着非常发达的管钻技术，无论大孔、小孔大多数由管钻钻成，最小的玉芯直径只有0.2厘米。另外，安徽凌家滩文化出土的玉人背后的隧孔，钻孔直径应该是0.17毫米，这种工艺被学者认为是微型管钻（图1-40、41）。新石器时代这样的小孔大多数都为实心桯钻，很少有用管钻钻孔，由此可见，当时凌家滩管钻技术应用之广及工艺的先进。

因有解玉砂的帮助，管钻工具可以是竹管、木管、骨管等，也有学者从玉璧、玉琮孔壁台痕上的钻槽痕迹仅宽0.5～1毫米，以及兽面纹眼圈仅2毫米看，估计当时已有金属的管钻，其质料是青铜，因为竹管在钻孔中即使有损耗也不可能管壁薄到不到1毫米和小到只有2毫米。

管钻技术在玉器雕琢中应用很广，新石器时代玉器中不仅打孔用管钻，动物、人物的眼睛，器物纹饰中凡是圆圈的东西都有用管钻工具制作的例子，如良渚文化神人兽面纹的眼睛，凌家滩文化墓地出土的玉鹰腹部的圆圈纹等。

镂 空

新石器时代的镂空技术已经十分发达，最初的镂空技术可能是从打孔中得到启发而来。

早期镂空采用两面对磨的方法将器物打穿，但这种技术用在质地较软的材质，如蚌壳、骨、木等上十分方便，对于质地较硬的闪石玉及玛瑙、玉髓一类的器物则十分不便。

钻孔工艺及线切割工艺出现以后，在解玉砂的帮助下，镂空工艺已经不是什么难以逾越的技术。

纵观新石器时代各文化出现的镂空工艺，主要有两种方法：一种为线切割镂空，这种镂空方式要先打孔，使线锯可以穿过，再进行拉切镂空。由于线锯切拉容易产生抖动，镂空部分边缘常有凹凸不平的感觉。这种方式在潜山薛家岗文化、凌家滩文化、良渚文化、石家河文化等南方诸新石器文化中常见（1-42）。

另一种为砣磨镂空，其镂空处两端有较尖的凹槽，边棱也尖锐，镂空边线部位没有软性切割工具切割时产生的波变，而是较为整齐的圆弧

图1-39　玉琮残件，良渚文化，浙江瓶窑出土。琮孔内还留有钻孔时的错位台阶痕及管钻留下的钻槽和细密的旋纹。

玉人背后隧孔

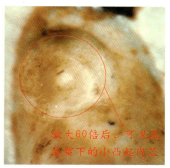

放大60倍后，可见孔底留下的小凸起内芯

图1-40、41　凌家滩29号墓出土玉人背后隧孔是先用一管钻垂直打一孔，然后再多次斜向打孔，两侧均同，最后贯通。这个孔共用了7道工序。放大60倍后，可见孔底留下的小凸起内芯。

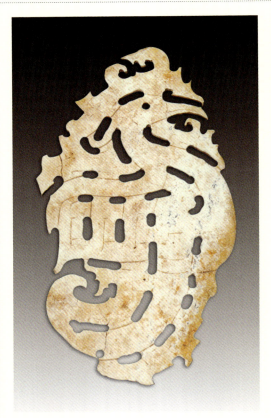

图1-42　玉凤，石家河文化，湖北天门孙家岗墓地出土。器物表面留有浅褐色的线痕，系镂空前所画稿样，然后在镂空部分打孔，再线锯切割，可见新石器时代治玉的工艺亦为先设计稿样，再进行雕琢。

状，这种镂空方式可能采用了一种原始砣具。砣具镂空的方法在红山文化及凌家滩文化中多见，有些辅以打孔定位，一端打孔，一端砣具镂空（图1-43），有些则直接砣磨镂空（图1-44）。

雕　纹

新石器时代玉器在各个时期以及各个不同文化区内有着不同的纹饰特点，有些简单，有些繁缛，有些大气，有些秀美（图1-45、46）。不同地区之间有相互影响，不同时期亦有传承。在雕纹工艺上此时已出现了阴刻、浮雕、减地、剔地等多种技法（图1-47、48、49）。

新石器时代雕纹所用的工具可能有多种，不同文化地区中治玉工具也不完全相同。但从目前考古发现的一些治玉作坊来看，石器的使用，尤其是细石器的使用似乎最为普遍。

一些细石器可以装上木柄或竹柄，制成雕刻器、钻器等工具，在雕刻纹饰时十分方便（图1-50）。因大多数细石器是以硬度达到7度的石英、玛瑙、燧石、黑曜石等制成，故不能排除新石器时代一些玉器上的刻划痕迹为细石器的尖刃所致。

这里重点关注一下良渚文化玉器上极细浅阴线纹饰的刻划（图1-51）。大多数学者认为它是硬质工具直接刻划而成。

也有学者认为，浙江反山、瑶山、荷叶地，上海福泉山等良渚墓葬出土的鲨鱼牙齿尖锐、锋利，经实验证明其有刻玉的足够硬度，无疑是作为一种更直接的治玉工具而被随葬的。外国学者则认为这些线刻纹饰是钻石所为，中国山东的临

图1-43　勾云形玉佩，红山文化，辽宁建平—凌原牛河梁墓葬出土。此佩内部镂空部分为一端打孔，一端可能以砣具镂空，形成圆头钉尾的镂空勾云形。器物镂空后，再修磨内边刃，使之成刃状结构。

图1-44　玉梳背饰，安徽含山凌家滩文化遗址出土。镂空部分两边出现两端尖浅的痕迹，估计为用一圆形环状砣具两面砣磨，再将中孔砣磨扩孔而来。

图1-45　C形玉龙，红山文化，内蒙古翁牛特旗征集，中国国家博物馆藏。长26厘米，龙形简洁明快，眼、吻部以不同的减地及阴线使之突出，龙额上及颚底仅雕以简单的阴线网格纹，龙身打磨光滑，不再有任何装饰，但整体给人以极具动感的震撼力。纹饰线条简练，造型大气也是北方红山文化的典型特征。

图1-46　玉琮，浙江反山良渚文化墓葬出土。通高8.9厘米，四面均刻有十分繁缛的纹饰，共8个神人兽面像，每个图像高约3、宽约4厘米。以浅浮雕及细阴线刻两种技法雕琢。眼睛为管钻工艺，圆圈十分规整，但因用力不匀，有时会出现深浅不一的痕迹。阴线条细如发丝，宽仅0.1~0.2毫米，得用放大镜观察才得以看清。这种纤细线条在良渚文化玉钺、玉璜等玉器上的神徽纹中也有，开启了南方玉雕工艺精工细琢的先河。

图1-47　玉鹰，湖北天门石家河文化肖家屋脊遗址出土。鹰背上采用减地浮雕的方法勾画出平行带钩的阳线，十分立体形象。这种做法在龙山文化玉器上也有所见。

图1-48　玉蝉，浙江反山良渚文化墓葬出土。玉蝉眼部以减地浮雕的方法进行勾划，与红山文化减地凸阴线有某种相似。

图1-49　玉璜，安徽含山凌家滩文化墓地出土。边缘切割出扉棱齿牙，比山东、湖北等地出土的龙山文化和石家河文化的玉牙璋、玉钺两侧的扉棱早600年左右，是我国最早的扉棱装饰玉器，也影响了后世商周玉器的扉棱装饰。

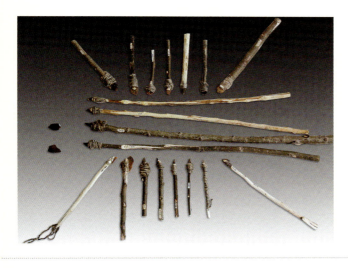

图1-50　装上柄的细石器，可作为钻或雕刻工具。

图1-51　良渚文化玉琮神人兽面像局部放大图，可见细密的阴刻线，这些细如发丝的阴线是由若干条划痕拼接而成的。兽面纹内眼睛为管钻，兽眼、鼻梁、嘴部采取浅浮雕。

图1-52　玉琮折角处神人兽面纹细部，浙江反山良渚文化12号墓出土。上部弦纹笔直而凸起，似用某种直尺工具辅助刻划。

图1-53　快轮制陶示意图。

沂就出产金刚石，人们完全有可能得到钻石工具进行雕刻。还有人认为良渚时期已有金属刻玉工具，类似反山12号墓大玉琮上的神徽图像，没有金属制造的工具是办不到的。更有人认为良渚玉器的细刻纹饰系加热后琢刻而成。

对此，笔者倾向于认为其为比玉硬的石器尖刃所为。只是，无论是何种工具进行制作，良渚文化玉器纹饰之精美繁复创造了新石器时代玉器文化之最，对后世玉器的制作有很大的影响。

另外良渚文化中简化人面纹冠饰中笔直弦纹的刻划，需要有相当精密的规矩角尺等原始仪器和工具，估计当时已出现了这类原始仪器（图1-52）。

关于新石器时代部分文化地区玉器纹饰的雕琢，一个被越来越多学者接受的观点就是砣具的使用。

新石器时代是否有砣具，学界一直存在着争议。从理论上讲，砣具的出现并不是难以逾越的技术。原因如下：

首先，新石器时代，

陶器制作从初期的手工捏制、泥条盘筑等逐步演变到慢轮修胎，再到快轮制陶并被普遍应用，具有转轮性质的陶车早已出现（图1-53）。

其次，纺轮的大量发现也证明圆形旋转性工具在生活中应用十分广泛。各文化地域中发现的纺轮式样虽稍有不同，但中间均有一孔，可以放置一杆（图1-54），假设将其横置，就可成为能够滚碾的工具，这一点，相信也能启发治玉砣具的出现。

最后，在玉器的制作中，钻孔技术的进步，钻杆式工具的出现，使人们对旋转带来的动力有了更为深刻的认识，这种工具虽然主要用于钻孔、透雕及个别阴线条的加工。但是，如果将钻杆式工具上的杆横置，就是最简单的砣具，加上圆圆、薄薄的石片，自然可以滚动自如。

所以没理由不相信在漫长的几千年间，砣具出现会是很难的技术问题（图1-55）。砣具的使用情况，可能只是因不同的地域文化而

图1-54 玉纺轮，良渚文化，纺轮中插一玉杆，从中可以推测当时砣具的使用方式。

图1-55 杨伯达先生复原的原始砣工艺的使用传动方式——拉弓式示意图，为手拉旋转的方式。

图1-56 刻图玉版，安徽凌家滩文化遗址出土。玉版上阴刻线均两头尖，中间深，似为砣具雕琢。

图1-57 玉璜,大溪文化,湖南华容毛家村113号墓出土。玉璜身上有几道圆弧痕,呈两头尖浅,中间宽深状,似为明显的砣具痕。

图1-58 兽面纹玉锛,龙山文化晚期,山东日照两城镇遗址采集。其兽面纹饰复杂,连续阴刻的旋转曲线流畅自如,与良渚文化手工阴刻线纹不同,似乎为薄刃的金属砣具制作。

不同,玉雕的工艺手法亦因使用习惯和刻划纹饰的不同而不同。东北地区的红山文化、江淮地区的凌家滩文化、湖南的大溪文化出土的玉器中,均发现阴刻线条中有较多可能为砣工具加工的痕迹(图1-56、57)。而南方的良渚文化,纹饰图案的线刻工艺更为发达,但砣工艺的使用还未找到确切的证据。

关于砣具的质地,学术界对此有较多的猜测。有认为砣子用石材、兽牙、兽骨或木材等原料制成,也有认为有陶制的砣具,还有学者认为当时可能出现了金属砣具。考古已发现多处仰韶文化中晚期(距今约7000年)左右的冶铜遗物,多为小型的工具,而在距今4000年左右的山西陶寺文化与西北的齐家文化中均已发现了青铜铸造的铜铃和铜锥,龙山文化、东北夏家店下层也发现有青铜遗物,说明新石器时代已经开始了矿石冶炼。

其实青铜的硬度并不高,以青铜直接划玉也划不动,但是金属能铸出锋利的刃边,加上解玉砂的帮助就可以有效的治玉。新石器时代晚期既然出现了冶炼铜,则出现金属砣具的可能性也有。曾有学者分析,山东日照两城镇发现的龙山文化兽面纹玉锛,表面的纹饰是用铜质工具加工的(图1-58)。也有学者认为齐家文化玉琮钻孔很直的原因也是使用了金属钻具。但这些都需要进一步的考古证明，因在目前发现较多玉器的地域文化中还没发现有金属砣的痕迹，这是因为金属的锈蚀和重新熔铸？还是根本就并未使用金属砣具？这一切，还是一个未解之谜。

图1-59　环状石器，内蒙古敖汉旗西梁小河西文化遗址出土。扁薄的刃边，从中可以想象石砣具的造型。

目前发现的新石器时代玉雕作坊中，石器是普遍存在的现象。虽然石砣是否出现还无法明确，但就玉石加工来说，石质工具取材方便，又有相当的硬度，易于加工成工具。当时人们已掌握了石器的切割、打击、钻孔、磨制技术，把一件石料加工成工具，在行家手里并不比加工一件木器、骨器难多少。只是加工石质琢玉工具，不易制成细长锥状或管状砣头。但将石器做成圆形环状，周边扁薄，做出刃口还是较为容易的，内蒙古敖汉旗西梁遗址出土小河西文化的环状石器，距今8500年，就已是中间有孔，周边为刃边的造型（图1-59），虽然不知这件器物的具体用途，但说明石器完全有可能做成环状刃边的形状。如果在这种环状刃边器的中孔，插入木棒或竹棒之类的轴，来回滚动就可成为最原始的砣具。这种砣具虽然效率远不如后来水凳上安放的金属砣具，但是相比于徒手雕刻，增加了动力，已先进了许多。故那些玉器上的线条也可能为方便易制的石砣具刻划出来的（图1-60）。

镶 嵌

新石器时代从北到南，红山、龙山、良渚文化等多个地域文化中都发现了镶嵌工艺，虽然它不是很普遍的出现在玉雕工艺上，但在石器、陶器、漆器等制作中，均有镶嵌工艺的痕迹，这说

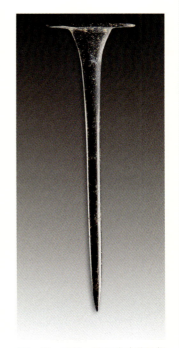

图1-60　玉笄，陕西武功游凤仰韶文化遗址出土。从形状看，此器更像一个钉铊，下尖部还可做实心的桯钻。虽然无法证明这件器物可能为玉雕工具，但它起码可以说明新石器时代完全可能制出钉铊一类的砣具进行治玉。

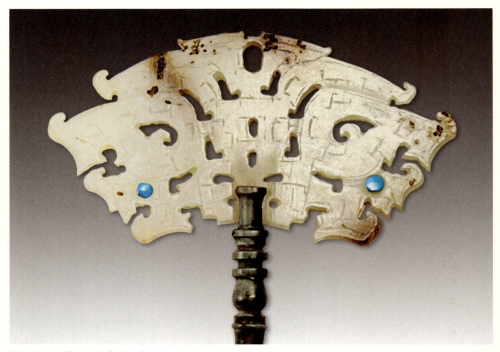

图1-61 玉笄，山东临朐西朱封龙山文化202号墓出土。笄首以钻孔加线锯镂空，并镶嵌两颗绿松石，为较早的玉石镶嵌工艺。

明先民们已有意识将玉与其他材料结合起来，追求不同材质结合的美感（图1-61）。

掏 膛

目前所能看到采用掏膛技术的史前玉器并不太多，此工艺有一定的难度，所以还有一定的原始性，它的出现也是史前治玉工艺的一个进步。

玉器掏膛技术的出现可能是在石质容器制作的启发下，结合治玉钻孔技术的发展而发明的。东北地区的兴隆洼文化、赵宝沟文化直至红山文化，均出土一定数量的石杯、石罐、石臼、石筒等器皿形石器。它们大多采用凿击法去掉内芯，制成容器（图1-62）。但因玉质较硬，而且容易浪费材料，凿击法用于玉器掏膛并不合适，故此时期还未出现真正意义上的玉质容器。

但钻孔技术此时已较为发达，用实心钻及空心管钻打钻去料的方法开始尝试着被人们用于玉器掏膛技术上：所见有两种技法：一种为连续打实心钻

图1-62 单耳石杯，红山文化，其内膛使用凿琢法制成。

凹槽为多个实心钻钻孔而成

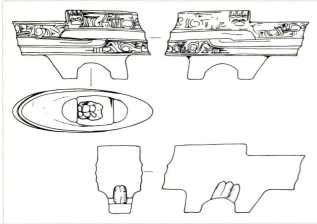

图1-63、64 玉钺端饰，浙江瑶山良渚文化墓地出土。此为钺柄末端饰，在承接钺柄的一端上部打出近椭圆形凹槽，以便于安装钺柄。凹槽为多个实心钻钻孔而成。以实心钻钻去多余玉料成为膛口，这是原始的一种掏膛技法。

孔内还留有一小段钻芯

图1-65 玉卯孔端饰，浙江反山良渚文化遗址出土。管钻打孔，有喇叭口现象，孔内还留有一小段钻芯，此工艺是十分先进的掏膛工艺，说明良渚先民已能运用管钻并利用其掏膛，而非仅仅是对钻穿孔。

去料掏膛（图1-63、64），一种为空心钻打孔，再敲击去芯掏膛（图1-65）。掏膛技术虽在当时并未普及，但为后世真正意义上玉质器皿的出现积累了技术上的经验，也是治玉工艺的进步。

打磨与抛光

新石器时代玉器要经过多次打磨工艺。首先在成形阶段，将已截割好或者钻好孔的玉料打磨成形。其次在整体纹饰、造型结束后，再进行细磨，此工序也是抛光工序的前奏。

史前的打磨工艺可能与磨制石器相同。此时各个地域文化中均出土了数量不等的砺石，这些砺石大多为砂岩，有些粒粗，有些质地细腻，可以说是固化块状的解玉砂，制成不同形状后，可对器物不同部位进行研磨。如浙江塘山和江苏丁沙地治玉作坊遗址都出土有专门用于磨砺琮、镯等直径较大穿孔的圆柱状砺石。

利用砺石打磨可能有两种，一种是将玉料固定，用砺石加水在玉料上打磨；另一种是将砺石固定，用玉料加水在砺石上打磨（图1-66）。

另外还可以将玉器在铺有细砂一类物质的平台上反复研磨，也可以在原始的砣床上打磨或加"砂轮"打磨。

玉料打磨的过程中，一般玉工会在不同工序阶段选择不同粗细的砂石，如在成形时可以使用较粗的砂子和砺石，抛光之前的打磨则使用相对颗粒细腻的

图1-66　新西兰岛毛利人磨制石器的方法。此法同样可以应用于玉器的打磨。

图1-67 玉琮，浙江反山良渚文化遗址出土。为玉琮半成品，上面琢有简化的兽面纹，琮体平面有研磨的直线痕。

图1-68 玉珠，浙江反山良渚文化墓葬出土。直径1.5厘米，圆球状，表面抛光较好，十分圆整，均在球面一侧打出象鼻孔。如此高的磨圆工艺表明良渚玉器工艺的先进。

图1-69 玉喇叭形耳珰，安徽凌家滩文化遗址出土。喇叭壁厚0.05、高1.3、口径1.6厘米，底部实心钻孔，然后再加工修磨扩大，并将表面抛光的光滑润亮。如此小且壁薄的玉器，其琢磨加工难度是很大的，说明当时已经掌握了一定的薄胎碾磨和抛光技术。

砂石。在此过程中，大部分截割痕迹会被磨去，除部分玉器由于截割痕迹较深而被保留外，一般玉器成品常常见不到前几道工序的加工痕迹。研磨的越精细，玉器的抛光就会越好。但即使精细打磨，因原始工艺的相对粗糙，某些器物表面还是会留下浅细的打磨痕，虽经抛光也没完全消失掉。如良渚文化反山遗址中一些玉璧、玉琮表面，不仅有较多的切割痕迹，而且还有较多的浅细、密集的擦痕，这些可能是没有完全打磨抛光的结果（图1-67）。

玉器制作的最后一道工序就是抛光。目前发现的新石器时代玉器几乎都经过了抛光（图1-68）。抛光可用竹片或兽皮。兽皮上有动物性脂肪，呈弱酸性，故用兽皮在玉器上来回摩擦可至光滑。竹子茎杆亦含呈弱酸性的"竹沥"，也可以用于玉器的摩擦抛光。近现代云南腾冲的玉工还用竹片抛光。另外，也可利用原始砣机把砣具换成木圆轮抛光，或可在外包着兽皮摩擦抛光（图1-69、70）。

新石器时代还有一些玉器的钻孔内也非常光滑，凌家滩玉器孔壁上光滑的痕迹显示钻孔和抛

图1-70　玉臂饰，辽宁建平牛河梁红山文化遗址出土。淡绿色的玉臂饰上磨出一道道的瓦沟纹，抛光精细，光可鉴人。

光同时进行，表明管钻时用的解玉砂非常细腻，否则无此效果。

　　经过了抛光这最后一道工序，一件玉器可谓是大功告成了。从玉器起源阶段因发现玉的美丽而使用，到后来赋予这些"天之造化"神性的光辉，使之成为沟通人、上天、神之间的灵物，成为部落大巫师手中的法物。在这一治玉阶段，即使采料成形等粗加工工艺为一般工匠所为，但雕纹以及玉器最后的完工一定由工艺高超的工匠完成，而且玉器的造型与纹饰设计一定有大巫们的参与，因为每一件精致玉器的完成都预示着一件神物的诞生，可以想见当时的原始先民对玉器是怀着如何顶礼膜拜的心情！几千年的修炼，造就了中华民族爱玉的基因，也正是原始玉雕大师们将心灵深处最精深的心智与从大自然中提炼出的审美精神完美的结合，才做出了这一件件鬼斧神工的玉器。此时的玉器，是最贴近人的灵魂和自然的，无论是玉雕工艺、玉雕工具还是玉器本身，都散发着浓浓的神秘色彩，令如今的我们百思不得，争论不休且无定论。

夏商周时期玉器的雕工

玉雕工具与玉雕作坊

夏商周时期（本章的周，主指西周），是玉器工艺技术进一步完善并发展的时期。

目前所说的夏代玉器，主要以考古出土的二里头文化期玉器为主，所见虽少，但出现了一些较大的玉兵器和精美的柄形器。

商代玉器留下虽不多，但从河南殷墟出土玉器中可以一睹商代王室玉器的风采。《史记·周本纪》载，商王纣登鹿台自焚之时，将最好的宝玉环绕周身与其共焚。《逸周书·世俘解》又称："凡武王俘商旧玉亿有百万。""亿有百万"虽说只是古人描述数量多的一个概称，但从中可以想见，殷王室当时拥有数量可观的玉器。如果考察出土玉器，则会发现商代的治玉工艺，无论是研磨、切削、勾线、浮雕、钻孔、抛光，还是玉料的运用和创作造型，都达到了相当高的水平。

目前周王室用玉情况虽然不明，但各诸侯国出土的玉器十分可观，尤其是具有礼制意义的成组佩玉大量出现。这些组玉佩均由一个个小型玉件组成，多数都精工细刻，使用工具与工艺技术比之前期更为先进、稳定。

玉雕工具的变革

杨伯达先生认为，治玉工艺从治石工艺中彻底分化出来，标志不在于应用抛光技术，而在于砣机的发明和应用。这是一次新式工具的诞生，而不是某种工艺方法的改进，它给治玉工艺带来了一场革命。

如果说新石器时代是否使用砣机还有所争议的话，那么进入夏商周时期，砣机在治玉工艺上的应用应该是毫无疑问了。但是，此时的砣机是何种样式呢？这恐怕和当时人们的坐姿有关。

殷墟出土的玉石人，使我们了解到当时人们的坐姿是所谓的"踞坐"，即臀部坐落于两足之上（图2-1）。四川金沙出土的商代晚期石人亦为此种坐姿，可见踞坐已成为大江南北一种普遍的坐姿，它一直延续到汉魏时期。

这种坐姿就是我们俗称的席地而坐了。当时家具中较高的桌椅并未出现，只有较矮的"几"。据此，杨伯达先生想象复原出当时所用的"踞坐几式砣机的使用示意图"（图2-2）。

这种坐姿的砣机在19世纪的印度，宝石工匠们还在使用，可以一人手拉加动力旋转砣机（图2-3）。

图2-1　玉人像，商代，河南安阳妇好墓出土。圆雕，身上衣纹以双勾起阳线刻划，玉人呈踞坐之姿。

图2-2　跪坐几式砣机示意图。一人手拉作为动力，一人一边加砂加水
碾琢玉器。

图2-3　19世纪印度砣机使用示意图。

从装置上说，这种砣机应该比原始砣机有了更多进步。毕竟一种离开地面的家具——"木几"已经出现，将砣具安置在木几上十分方便。但当时最重要的进步应该是砣头质地的进步，金属青铜砣头取代原始的石质砣头应是治玉工具的一大技术变革，所以此期又可称为铜砣几式砣机治玉时期。

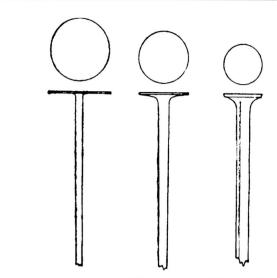

图2-4　复原商代用的青铜金属琢玉砣子。

这种技术变革可能在新石器时代晚期已经出现，当时可能已经进入到铜石并用时期，龙山文化玉器上出现的双勾阴线的精美花纹如果不使用金属砣具，很难想象如何完成。而进入商周青铜时代，青铜器的大量使用，亦可带动治玉工具的革新。青铜铸造的可塑性，可使治玉的青铜工具做到刃薄而锋利，圆形工具可以砣磨出细而宛转流畅的线条，这是石砣无法比拟的（图2-4、5）。

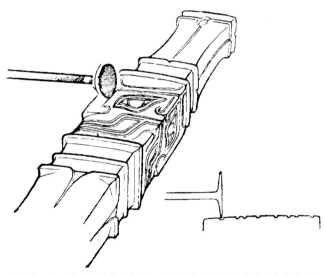

图2-5　琢玉时砣子的使用方法。砣具的使用可以使纹饰线条的弯转处流畅自如。

而金属片状工具及尖锥状工具在切割和钻孔上比以往更锋利而易于掌握。如河南安阳商代殷墟遗址中出土过青铜钻；江西新干大洋州商代大墓中也出土有形制和规格大小不一的铜刻刀15件，均为实心长条体，有锋利的刃部或尖锥，推测它们可能是用来作切割、雕琢或桯钻钻孔的工具。

但是，不可否认，青铜工具的出现并没有完全取代原始的石质治玉工具，二里头文化、商代，直至西周前期的一些玉器雕琢中，开料、成形、划线等工序还常常能看到石砣、石质片切割、石尖锐器划刻的痕迹。河南安阳曾发现的砂岩扁薄长刀，估计也是加工切割工具。

金属薄片砣具取代原始环形片状厚砣具的过程是一个极慢的渐进过程，不同地区还存在着差异。虽然，商代玉器上普遍出现的细线花纹，表明了薄片砣具使用的普遍化。但从某种意义上说，青铜在当时被大量的用于制造礼器、器皿、武器，并没有大量应用于生产工具。商周时期遗址中依然有不少石制生产工具出土，至少说明早期铜器在生产中并不占主要地位，估计直到铁工具的普遍使用，石制工具才完全被取代。所以，可能直至西周早期，原始的石质工具还在继续使用，铜石并用的玉雕方式并没有结束，只是有了金属工具的参与，许多原本做得不好的剖切、刻划、雕琢可以做的更好了。也因为铜工具的出现，奠定了中国琢玉设备、工具、辅料以及基本工艺的基础，以后的几千年中只有工具和设备的改善，在基本技法上，没有发生太大的变化。

"工欲善其事，必先利其器。"相对于玉器工艺技术而言，更是"三分手艺，七分工具"，也正是由于工具的改进，技术的革新，使得商周出现了许多纹饰规整繁复，异常精美的玉器，它们与当时青铜器纹饰的繁复、精细相比毫不逊色。玉器也并没有因为青铜器的崛起而动摇其神圣的地位，反而与青铜器一样成为礼器、瑞器的象征。

玉府制度的形成

翻开文献资料，可以发现周代已有专门管理治玉的政府部门——"玉府"。

《周礼》中记载，当时设立玉府，其职责是掌管"王之金玉、玩好、兵器，凡良货贿之藏。"而其下设的"玉人"专门管理着和玉有关的一切事物，主要是用玉的礼制，王所需要的玉瑞、玉器之事，如圭、璧、璋、琮等。至于治玉的工匠，《周礼》中则称其为"刮摩之工"。但是，有一定概括意义的"玉人"一词则成为治玉工匠最常用的代名词。

"玉人"这一特定名称直至春秋战国时期还在使用，《孟子·梁惠王下》："今有璞玉于此，虽万镒，必使玉人雕琢之。"汉魏以后，"玉人"逐渐不再特指雕琢玉器的工匠了，而是有了更为广泛的意义：或者特指玉雕的人像，或者多称美丽的女子。谢枋得《蚕妇吟》："不信楼头杨柳月，玉人歌舞未曾归。"

玉府，是中国文献记载最早的专业治玉机构，所管辖的玉人（刮摩之工），也是文献记载中最早的专业治玉工匠，其萌芽可以追溯到新石器时代，那时可能已经出现了职业的治玉者，地位也许远比商周时期要高。但是商周时期玉府的出现，使玉人定格为职业的手工业者，世代相传，成为替王室贵族服务的奴仆。古老的治玉工艺就这样口耳相传、世代相袭下来。

商周时期的玉雕作坊

商周时期，王室拥有各种各样的百工作坊，其中就有专设的玉府，管理治玉手工业。也正是有了王室的财政支持，玉工可以不断的改善生产工具，利用青铜金属制作先进的工具，提高工艺技术，为宫廷生产各式各样的玉器，由此形成了这一时期繁荣的治玉局面。另外，从目前的考古资料看，商代的方国、西周时期各诸侯国都出土有大量的玉器，如晋国、虢国等估计都有自己的玉作。

1975年，河南安阳小屯村北约40米（妇好墓之东约100米），发掘了两座房子（F10、F11）和一个灰坑。F10房子中出土有石璋残片、铜刀、铜簇和制作精致的小型玉石雕刻品、绿松石、蚌器

图2-6 玉鳖，商代，河南安阳小屯房址F11出土。俏色处理，说明当时玉工能够因材施艺，这也是目前看到的较早的俏色玉雕作品。

图2-7 玉双龟，商代，河南安阳小屯F11出土。玉龟背身上的回纹菱格，具有两头尖，中间粗的特征，显然为砣具刻划的痕迹。

等。F11房内出土600多件圆锥形石料、260余块长方形磨石残块，并有少量的玉、石雕刻品及原始瓷器等遗物。从上述两座房子的出土物判断，发掘者认为此处可能是磨制玉石器的场所。而从出土加工材料的数量，则可看出这一治玉作坊的规模较大。

此处距离妇好墓不远，因出土有4块玉料和几件完整的圆雕艺术品，包括俏色石鳖、玉双龟、玉鳖、石虎和石鸭等（图2-6、7）。有学者认为它可能为殷代晚期一处专为王室磨制玉石器的场所。其中俏色石鳖和石鸭为同一种石料所做。细磨石、铜刀、石锥、锥形石料可能是治玉工具。俏色作品的出现说明当时玉工在作品设计上能因料施工，并在色彩上加以取舍进行创作。而玉双龟龟背上的回纹菱格，其阴线显然是以金属砣具刻划，说明此作坊中已使用金属砣具。

夏商周时期的玉雕工艺

前文已经提到，玉雕工艺发展到商周，虽然治玉的工序与新石器时代没有什么不同，但是由于有了金属铜工具的参与，速度加快，效率大大提高。铜可以打造成各种形状的工具，这就使切割、研磨、刻线、碾轧、勾彻等工艺变得比以往容易起来。此时玉器的制作更为规整精致。纹饰的雕琢亦很精美，在阴线刻划的基础上，大量的利用减地浮雕、双勾阴线的方法起阳线，使纹饰线条更为立体挺拔。此期无论是切割成形还是纹饰雕刻、镂空均比前期有较大的进步，同时管钻工艺、玉石镶嵌工艺、器皿掏膛工艺均比以前有所创新，出现了一些工艺水平颇高的玉器。

切割成形

此期的切割成形依然有片切割、线切割、砣切割三种。它们因使用不同的工具所留下的痕迹亦不相同。金属工具比石质工具更能胜任大型器物的切割，玉器成形更为规整。而此时线切割的应用比史前时期少的多，例如在玦口的切割中，大多已使用片切割和砣切割，很少见到线切割开口，所以玦口也少见因抖动导致的凸凹不平，而是宽窄一致且平直规整（图2-8）。

龙山文化晚期和齐家文化时期曾出现了一些大型玉兵器，数量较少，但夏商时期，陡然出现了较多的大型玉兵器，它们不仅锋棱尖锐流畅，而且体量较大，有些长达半米到1米左右。如河南二里头遗址、湖北商代盘龙城遗址、四川商代晚期到西周早期的金沙遗址等都出土了很多大型玉兵器（图2-9）。这种现象固然有政治背景和文化背景的因素，但最重要的一个原因就是玉雕工艺进步的支持。

这些玉兵器在切割技术上十分先进，因为要把半米长的玉片切直、磨平，做出薄刃、

图2-8 卷云纹玉玦，西周，陕西扶风云塘村出土。玉玦以金属片切割开口，平直规整。

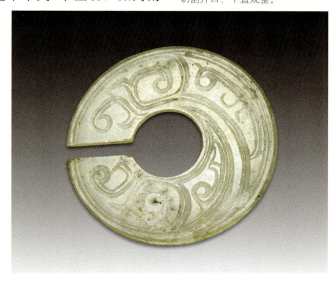

图2-9 玉戈, 商代, 湖北武汉李家嘴盘龙城遗址出土。全长94、宽11、厚0.5厘米, 扁长而薄的工艺非金属工具切割难以实现。

脊线、锋线、血槽, 并使它们平直, 弯度和弧度适宜, 是非常困难的, 所以在切割磨制中, 不仅要选择好工具和粒度适宜的解玉砂, 还要十分小心的切磨, 不能把刃边碰出缺口。而这些大而薄的片状玉器的出现, 没有铜切片工具的使用是难以想象的。选出完整而没有裂纹的玉料, 将其切割成薄的片状玉兵形状, 就意味着此件玉质兵器已经完成了大半, 后面的刻纹以及打磨、抛光的难度比起切割成形已经容易的多了 (图2-10)。

另外, 在此期的切割成形过程中, 还发现有"成形对开"和"对开成形"的切割成形方法。"成形对开"为先将玉器外形做好, 再一剖为二, 故两件器物造型一模一样。而"对开成形"则是先对一块略成形的玉材切割为二, 再分别对两件器物进行加工, 故虽然两件器物从外形看十分相似, 但细部镂空或雕琢处不尽相同, 两件东西无法完全重合。四川金沙遗址、河南安阳殷墟商墓和山西侯马晋侯墓地均发现有利用"成形对开"或"对开成形"法完成的玉器, 它使琢玉速度大大加快, 提高了制作效率 (图2-11、12)。

钻孔技术

这时因为有了铜质工具的参与, 钻孔技术比新石器时代更为先进, 尤其是管钻工艺 (图2-13), 在长达十几厘米的细圆柱形器上两面对钻孔, 可以

图2-10　玉璋上留下的片切割痕，商代，四川金沙遗址出土。切痕直而纤细，为金属片切割工具切割。

图2-11　玉璋半成品，商代，四川金沙遗址出土。采用"成形对开"的方法，将一件玉璋做好外形以后，从中间一分为二，做成两件玉璋，此件玉璋没有切割完，上面还保留有线切割留下的痕迹。

图2-12　凤形玉佩，西周，山西曲沃晋侯墓地63号墓出土。2件大小相同，玉质相似，有褐斑和黑色斑点，为一块玉料采用"对开成形"法制作而成，外形相似，但细部特征不尽相同。

玉刀近柄部有一圆形管钻痕迹

图2-13　龙纹玉刀，商代晚期，河南安阳妇好墓出土。通长33.5、刀身
厚0.5厘米，体薄而长，器身采用双勾技法雕饰龙纹、菱形纹和三角纹，
玉刀近柄部有一圆形管钻痕迹。

玉虎的嘴部从前面
和侧面分别打管钻

图2-14　玉虎，商代，河南安阳妇好墓出土。玉虎的嘴部从前面和侧
面分别打管钻，取出钻芯后形成张口的形象。由于钻的尺寸大小应用合
适，就自然形成锋利的虎牙，但嘴内部一般不再修磨，还可见管钻的残
留痕迹。

虎口部先在正
面管钻去料，
然后再从侧面
管钻去料

图2-15、16　蛇纹石卧虎，晚商至西周，四川金沙遗址出土。虎口部先
在正面管钻去料，然后再从侧面管钻去料，再修磨出嘴形，图中可见两
个大管钻痕。

做到对钻精准而且管壁较直。另外，管钻不仅用于打孔，还广泛的用于雕刻、镂空、去料成形及掏膛工艺中。管钻下来的较大圆形玉料，还可在中心打孔，制成璧、环、瑗的形状，设计成其他玉器，这种利用钻芯制成的玉器，有时能看到外壁残留的螺旋纹。而此时的桯钻，因钻头逐渐磨损变细，孔依然多为外大内小的马蹄形眼（图2-14、15、16）。

雕　纹

玉器的雕纹此时变得流畅生动，尤其是弯曲线条的琢制，舒展而自如。在纹饰线条的雕琢中，如果是直线条，以青铜片蘸解玉砂还可来回摩擦琢出，但对于弯曲的线条，尤其是弯曲度较大的如兽面纹的眼睛、鼻子等处，来回的直线摩擦运动很难转弯自如，此时，使用圆形砣具就能发挥其能停留于一点雕琢的优势，能够使线条弯转流畅。

从出土商周玉器的纹饰看，基本已为青铜金属砣具砣出，有阴刻线、双勾、阳线浮雕等技法。

商代纹饰较为图案化，线条在转折处较为方硬，曲度、翻卷都不统一。阴线在转弯时外侧多留有粗的毛道，证明为砣具蘸解玉砂琢成。曲线则是逐段接续而成，时有断开或交叉，尚不能很好的连贯。

西周中期以后开始发展出自己的雕琢特点，原垂直琢下的阴线逐渐变为一侧壁垂直，另一侧斜坡，断面呈三角形的阴刻技法，俗称"斜刀"或"一面坡"工艺，产生这种效果有两种方法，一种是以梯形的轧砣碾轧而为，这是一种工具上的创新；另一种是在雕琢中运用倾斜的手法，利用砣具之侧面砣出。这种一面坡工艺利用器表面、沟直壁、沟斜壁的不同反光和阴影，每一转侧都反射不同的光线，即可充分表现玉材莹润及闪耀的特点，又可呈现出立体感和层次感，是玉

图2-17 人面纹玉佩，商代，河北藁城台西村墓出土。人面浮雕，眼、眉、嘴线条以金属砣具阴刻而成，转弯处有歧出的毛道。

图2-18 有领玉璧，商代，河南安阳妇好墓出土。孔壁为管钻，环面有四组阴刻同心圆圈纹，距离基本相等，每组由一条粗阴线和三条细阴线构成，线条流畅，是成型后特意而为的线条纹饰。

雕工艺上的明显进步。另外，与商代劲健倔强的线条不同，西周中期以后玉雕多用圆转灵活的图案化曲线表现，曲线的转折回旋富有韵律感，和商代古朴强直的风格迥异其趣。

阴刻线

阴刻线在商周玉器上应用很广，使用工具的方式也较多。直的线条可以用金属片状工具蘸解玉砂和水在器物上来回磨蹭刻划阴线，也可用金属砣具雕琢阴线。弯曲线条则大多以砣具琢刻（图2-17）。

商周时期还出土较多的有领玉璧，又称凸唇璧，璧环面常留有阴刻的同心圆痕（图2-18），有些密集，有些稀疏，估计是将玉璧固定于砂盘一类的机械上，用砂岩类磨石工具接触或施压于玉璧环面，转动砂盘，玉器上就会旋磨出同心圆痕。不过，那些有规律的多组同心圆纹的制作不排除使用青铜圆盘的可能性。

在新石器时代玉器上出现刻划符号后，商

图2-19 "小臣妝"文玉戈，商代晚期，河南三门峡虢国墓地出土。援内阴刻文字"小臣妝"，从字口刀锋看出，此为砣具所刻。

周玉器上开始出现铭文，文字多为砣刻阴线（图2-19）。

阳线浮雕

商周时期出现了一些阳线浮雕的作品，不但形象生动，而且表现工艺也较复杂。它们或者在平面上起阳线浮雕，或者在不同的平面上起伏变化，是一种碾轧效果的体现，也是使用不同形状、大小、粗细的砣轮，在解玉砂作用下做出起伏变化纹饰的结果。

商周时期的阳线浮雕比阴纹线条要复杂的多，费工的多，作品以商代居多，大多是先在欲雕阳线的两侧琢阴线，再用"减地"或称"压地"的雕法，把二阴线外侧地子平均减低或抹斜，使阳线凸出，凸起的阳线是高出平面的。这里需要高超的打磨技术，将线条以外的部分磨平。在较复杂的玉雕中，先用"减地""压地"手法突出耳、目、头、足的形体轮廓，然后再用阴、阳线表示细部（图2-20）。

图2-20 玉鸮，商代，山西曲沃晋侯墓地63号墓出土，玉鸮整体圆雕，身体纹饰以凸出底面的阳纹雕琢，阳纹旁边减地，具有立体感。

双勾为阳

夏商之时，玉器雕琢中流行一种双勾阴线纹，是以两条紧邻阴刻线的方式使中间的阳线突出，雕琢中即不减地，也不浮雕，线条并不高于平面，但视觉上却有阳线的效果，又称"双勾"、"双阴挤阳"、"假阳线"或"双勾碾轧"。它是铜工具所能达到的最好效果，多用于动物、人物眼睛及身体纹饰的刻划（图2-21）。

斜刀工艺

西周时期，器物纹饰雕琢流行一种斜刀工艺，又称"一面坡"工艺，工匠先用细砣雕琢内侧线纹，再用带有斜坡的轧砣雕琢外侧线纹，或者直接将砣具倾斜使用也可有此效果。雕琢时工匠手法的运用非常关键，这样器物纹饰就形成一边陡直，一边斜坡的状态，抛光完成后，玉器在光与影的反射中，极富立体感。这种"一面坡"工艺是西周玉器纹饰雕琢工艺的一大特色（图2-22、23）。

浮　雕

此期浮雕作品以平面浅浮雕为主，如前面提到的阳线浮雕。高浮雕作品较少（图2-24）。

圆　雕

商周时期的圆雕件较多，以动物与人物为主，但器形一般较小。器身装饰或简单，或华丽。河南安阳殷墟妇好墓出土带有宽柄的踞坐玉人，衣服纹饰雕琢的就十分精细。圆雕动物件也是这一时期的主流，如蛙、龟、象、熊、牛、螳螂等等，身上多饰以流行的双勾阴线、阳线，也有光素无纹者。这些立体雕刻比平面浮雕又复杂许多（图2-25、26）。

图2-21 玉鹰，商代晚期，河南安阳妇好墓出土。器身一面以"双勾为阳"法雕琢纹饰。整体感觉双勾线比单阴线更有立体感和表现力。

图2-23 虎形玉佩，西周，河南信阳地区出土。玉佩为半成品，已将虎佩轮廓做出，虎头部已用斜刀工艺琢出眼睛、鼻、下颚、前爪部分。从中可见制作此类佩饰的工序。

图2-24 玉琮，商代，江西新干大洋州遗址出土。器身高浮雕四组蝉纹，其浮雕方式与琢制方法与河南安阳殷墟妇好墓的蝉纹琮风格基本相同。

图2-22 凤纹玉柄形饰，西周晚期，河南三门峡虢国墓地2012号墓出土。整体纹饰采用斜刀工艺，内侧阴线，剖面陡直，外侧以斜刀雕出斜坡状态，使玉器在光与影的反射中极富立体感。

图2-25 虎首踞坐玉人，商代晚期，河南鹿邑太清宫长子口墓出土。整体圆雕，口内打钻去料。

图2-26 玉牛，商代晚期，河南安阳小屯11号墓出土。圆雕，跪卧，身体纹饰多为双勾卷云纹。

镂　空

　　商周时期镂空技术进一步发展，因为有了青铜工具的使用，镂空技术复杂化。镂空形准，孔眼平滑，无史前线切割镂空的抖动不平。有的镂空与纹饰结合，变化自如，对形象烘托的较为细腻。从镂空眼分析，当时已经出现了弓弦镂空的方法，以竹制弓，以铜丝作弦，使用时以钻孔与铜金属线具相结合，先打钻孔，然后将铜丝弦穿入孔眼中，借助磨料来回搓动，把各种弯曲孔眼搜镂出来，孔眼走线准确，棱角清晰。最后也可用铜扁条把眼内地子磨平，使眼壁平滑（图2-27、28）。

图2-27 龙形玉佩，商代晚期，河南安阳妇好墓出土。龙口部以连续管钻镂空去料法形成梅花形，身体以金属线具切拉镂空。

龙口部以连续管钻镂空去料法形成梅花形

铜内玉兵器的制作

　　商代出土的一些铜内玉兵器，有学者通过对它们的考察和X射线机的测定，发现几件出土铜内玉兵的玉刃和铜柄（内）之间的结合并非是通常认为的镶嵌而成，而是通过铸造的办

图2-28 人龙纹玉璜，西周晚期，河南三门峡虢国墓地2001墓出土。器身纹饰以一面坡法雕琢，镂空处先打圆孔管钻，再以绑缚铜丝的金属弓线锼拉成形，形如逗点，搜锼的孔壁较直，无抖动不平。这也是此期镂空技法的一个特色。

法使其形成的，为了避免在铸造时玉会炸裂，铸前必须对玉件进行预热，当达到理想的预热温度后，再进行铸造。这种金属与非金属结合铸造的技术，不仅是商代玉器制作工艺上的一个发明，在中国铸造史上也是一个了不起的创举（图2-29）。

镶 嵌

此期十分兴盛的镶嵌工艺大多数是青铜与绿松石的镶嵌，也有玉器与绿松石，或玉器与其他质地的器物镶嵌在一起，如漆、木、绢帛等，但因年长日久，多留下作为嵌件的玉器，被镶嵌物则已经腐烂不见（图2-30）。

掏 膛

商周时期，玉质器皿开始出现，这不仅需要较高的磨圆器壁的技术以及在弧形器壁上琢制纹饰的技术，最重要的是需要较高的掏膛工艺。

掏膛技术此时还是一个难度较高的工艺，要求工艺技术比较全面：不仅选料要完整，无绺裂，少杂质，而且切割出形、掏膛去料也非常复杂，要求器形规矩，膛壁薄厚均匀。这一系列的工艺十分复杂，费时，费工，是琢玉工艺的全面

图2-29 铜柄玉矛，商代晚期，河南安阳大司空村25号墓出土。铜柄上嵌绿松石组成兽面及蛇纹，玉矛与铜柄可能为铸造结合。

估计许多此类柄身有孔的柄形器原均嵌有松石，大多后来脱落不见

图2-30 玉平刃柄形器，商代，湖北杨家湾盘龙城遗址出土。柄身下端一侧有一穿孔，内嵌绿松石。估计许多此类柄身有孔的柄形器原均嵌有松石，大多后来脱落不见。

体现。所以此时出现的玉质器皿并不太多，而且为降低研磨难度和成品完好性，选用材料的硬度和致密度都不太高，以蛇纹石玉与石质器皿较多，真正质地较好的闪石玉质器皿较少。掏膛一般采用管钻去料，再以砂石修磨膛内（图2-31）。

活　链

活链又称掏雕。江西新干大洋州商代遗址中出土了一件侧身玉羽人（图2-32），为人鸟合一的神人形象，令人称奇的是在人佩饰高冠尾部有三个相套的链环，这是目前发现最早的活链工艺，此外，四川金沙遗址中也出土了一件环链形器，为三个小型玉环，环环相套。以后有此工艺的玉器要到战国早期的湖北曾侯乙墓中才又见踪迹。

活链技术在玉器制作中属于难度较大的玉雕工艺，直至今天也非一般工人能做。这件羽人像，质地并非硬度高的透闪石玉，而是硬度只有2度的叶蜡石，这在某种程度上降低了琢制难度，但这种活链技术的发明却是玉雕史上的一大创造，为后世活链、活环技术的发展进步奠定了基础。

打磨与抛光

商周时期的打磨与抛光比之史前更为细致，打磨不仅用砂岩磨石，也用微粒极细的解玉砂，这就促使抛光更为光润明亮（图2-33）。但是，此期也有部分玉器仅制作出器形，并不进行严格的打磨与抛光，可能专为丧葬使用（图2-34）。

图2-31 玉簋，商代晚期，河南安阳妇好墓出土。高10.8、口径16.8、壁厚0.6厘米。器内掏膛，膛口较大。在完成玉簋坯形之后，还要在周身雕琢纹饰，最后抛光完成。此件玉簋虽然玉质硬度不高，但显示了较全面的治玉技术。

图2-32 玉羽人像，商代，江西新干遗址出土。羽人脑后活环采用掏雕技法，环内还留有掏孔时的痕迹。

环内还留有掏孔时的痕迹

图2-34 玉璋，商代，四川金沙遗址出土。长5.3厘米。此类小型玉璋，制作工艺较为简单粗糙，器表还留有打磨的痕迹，没有抛光，故可能作为丧葬明器使用。

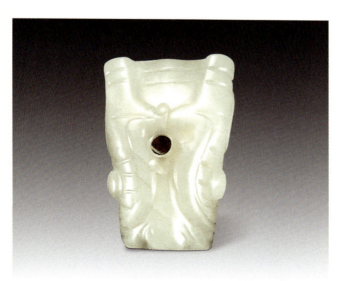

图2-33 兽面纹玉佩，西周，河南三门峡虢国墓地2012号墓出土。玉质温润，经抛光后更显精致莹润，玉质之美尽显。

图2-35 玉刀，西周晚期改形器，河南三门峡虢国墓地出土。从刀饰上残存的纹饰可以看出为其他玉件改制而成，并在一侧磨出明显的刃部。

改制器

从新石器时代到明清，中国玉器史上的改制器一直没有缺少过，因为玉料的难得以及人们对玉器的珍爱心理，使人们对已残坏的玉器不舍丢弃，而是进行改制。在此仅以商周玉器为例进行说明（图2-35）。

夏商周时期是中国古代玉雕工艺史上十分重要的时期，砣具的大范围使用，金属青铜工具的参与，使得工艺技术发生了质的飞跃。此期，后世所有的基本工艺技术和工序均已出现，虽然有些还具有某种原始性，器物制作还略显笨拙，技术还欠熟练，普及程度也不广，但是，工具与技术的改进毕竟促进了工艺的发展，为以后铁质工具的广泛使用以及砣机工艺的进一步改进打下了基础。

春秋战国至魏晋南北朝时期玉器的雕工

玉雕工具和玉雕作坊

工具的再次革新

玉雕工艺的进步总是最大程度地表现在工具的革新上，春秋中晚期铁器的应用对玉雕业来说是又一次工具的变革。

商周时期青铜工具的使用虽然相对于史前是一次较大的工具革新，由此带来各种玉雕品种的出现也是工具革新的结果，但因铜工具硬度并不十分高，切磨玉石的同时，也会快速地磨损工具本身，这在一定程度上影响到玉石的细加工和深顶撞，同时也增加了成本的消耗。许多工艺，如活链、活环、玉器皿掏膛等虽已发明，但难度显然很大，无法普及并有大的发展。可见工具的软硬还是影响到了玉器的制作。

而战国至汉代玉器能够取得如此高的艺术成就，完全与铁工具的使用有着密切关系。

据目前考古发现，最早人工冶炼的铁器出现在春秋，战国中期以后，铁器应用到社会生产和生活的各个方面，西汉时期，应用铁器的地域更为辽阔，政府在全国设铁官49处。东汉时铁器在社会生产和生活中最终取代了青铜器。

由此看来，春秋战国时期，玉雕工具可能还处

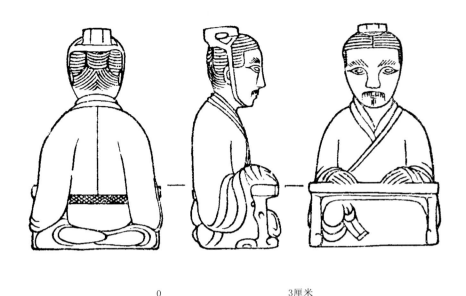

0   3厘米

图3-1　玉人，西汉，河北中山王刘胜墓出土。身前放一小几，说明当
时人们的坐姿依然为踞坐，并未坐上高凳。

于铁工具和铜工具并用的时期，至汉代铁工具最终取代了青铜工具。

铁工具的使用标志着中国琢玉开始了新的更高阶段，也标志着中国玉雕工艺技术的成熟。工具的革新进步使东周玉器向深浮雕立体工艺发展，至汉代近800年期间，玉雕工艺达到了一个辉煌的时代。史前的石质工具和商周的青铜工具发展到此时的铁质工具，随着社会生产力的进步而最终定型，并一直沿续到20世纪50～60年代，历经2000多年，成为中国玉雕工艺中的主导工具。

但另一方面，此时并未出现可坐的凳子，人们还是踞坐。那么当时使用的砣机，仍是商周时期的几式砣机，并未有大的改变，玉工的双脚也并未解放出来，砣玉的动力还是来自于双手，只是砣头工具逐渐由青铜变为铁质，如后世所用的高凳式砣机并未出现（图3-1），所以此期又称为铁砣几式砣机治玉时期。

玉雕作坊

春秋战国之时，在王城及各诸侯国宫廷，均有玉雕作坊，这些作坊根据各国经济实力大小不等。王城延续西周之制，手工业作坊较全，洛阳东周王城遗址就发现铸铜、制陶、治玉石、制骨、冶铁等多项手工业遗址。虽然各诸侯国的治玉作坊遗址还有待进一步考察，但从文献及考古发现出土玉器的数量及玉器风格的差异看，许多诸侯国均有自己的玉雕作坊。

《管子·轻重篇》记载了一个"石璧谋"的故事：齐桓公想朝贺天子但是贺献不足，管子就帮他出主意：下令城里"玉人"刻石为璧，大者盈尺，定价万泉，八寸者八千，七寸者七千，石珪四千，石瑗五百。这些做完以后，管子去见周天子，说自己的君王欲率诸侯来朝拜先王之庙，请周王下令让天下诸侯来朝先王之庙，但来观周室者，必须拿彤弓和石璧，不带者不得入朝。周天子答应并号令于天下。天下诸侯就拿着黄金、珠玉、五谷、布帛、货泉等到齐来收石璧。于是，石璧到了天下诸侯手中，而天下的财物则滚滚而入齐国。

这个小故事说明当时齐国有自己的治玉作坊，玉人是当时制玉石的工匠。此时的玉石作坊虽可能如史前一样治玉和治石兼有，但此处治石并非制作粗笨的日用石器，而是治玉的一种补充，所制石器也是玉器的仿制品，是对玉料不足的补充，同时其治石工艺亦如治玉，故有石璧、石珪、石瑗之说。

春秋、战国时期的楚国玉器无论从造型、纹饰，还是玉雕工艺上都领先于其他各国，在阴刻、深浮雕、浅浮雕、减地、镂空、镶嵌技艺上均十分先进，尤其是活链技术，达到了空前的进步，对以后汉代玉器的制作有着较大的影响。

从出土的楚式玉器看，楚国宫廷曾有较大的治玉作坊，并拥有一批技术先进的工匠。著名的

图3-2 四节龙凤形玉佩，战国早期，湖北随州市曾侯乙墓出土。全长9.5厘米，整器以一块玉料剖解而成，分四节并有三个椭圆环相连，以浮雕、阴刻手法雕琢龙凤纹饰。显示了当时最高的玉器制作工艺。

和氏璧的故事也讲到了楚国的"玉人"：楚人和氏得玉璞于楚山中，献给楚王，厉王、武王均使玉人相之，认为非玉而石，先后刖其双足，后和氏泣血而涕，楚王又命玉人理其璞而得宝，称为和氏之璧（《韩非子·和氏》）。这说明了楚国有自己的治玉工匠和治玉场所（图3-2）。

经过各国混战，秦建立了大一统的帝国，因国祚短促，留下的玉器很少，但从史料中还是能发现秦不仅有皇家帝国的治玉业，而且文献中还记载了中国玉器发展史上最早留下姓名的两位玉工：孙寿和烈裔。

《册府元龟》引《世本》曰："秦兼七国称皇帝，李斯取蓝田之玉，玉工孙寿刻之，方四寸，斯为大篆书，文之形制为鱼龙凤鸟之状，希世之至宝也。"

晋王嘉撰《拾遗记》记载：始皇元年，骞霄国献刻玉善画工者，名裔，刻玉为百兽之形，毛发若真。曾刻两白玉虎，不仅形象生动，连虎身上的毛都栩栩如生。这位名裔的玉工，又被人称为烈裔。

继秦之汉，尤其是西汉的建立，大一统帝国进一步巩固，社会稳定，其玉作业也有了较大的发展。

汉代玉器的制作，自上而下有三个体系：一为皇家中央治玉，二为地方诸侯国宫廷治玉，三为民间治玉。

皇家治玉，不仅工艺较好，对各诸侯国也

具有指导意义，所以汉代玉器总体说来各地共性较多，个性较小，尤其是葬玉玉衣的制作较为统一。当时皇家专做日用玉的作坊可能为少府下所属的"尚方"或"御府"。

皇家玉作中葬玉的主要管理职能部门是东园，也隶属于少府，主作"陵内器物"。东园制作葬器，其所做"东园秘器"，成为一种皇室葬器的统称，文献中常有皇帝将东园秘器赐给臣下助葬的记载（图3-3）。

东园所制葬玉一为皇室专用，二作为赏赐分赐各处，尤其是玉衣的制作，大多是由中央统一制作再分发给各个诸侯王的。目前出土玉衣的一致性也反映出玉衣的生产大多数是在一个作坊中进行。如河北定县北庄中山简王刘焉墓出土的玉衣，有"中山"的字样，说明这套玉衣与别的玉衣在同一作坊中生产，为防止混乱而题字区别。

汉代第二个重要的治玉体系是地方诸侯国宫廷治玉，它是国家治玉的重要补充。汉代各诸侯国大都有自己的治玉作坊，尤其是经济实力强盛者，其治玉业也较为发达，如楚国、梁国等。

盘踞广州一带的南越王赵佗曾向汉文帝进"白璧"一双，故南越国宫廷中也应有规模较大的玉器作坊。而南越王墓中出土的具有僭越之嫌

图3-3 金缕玉衣，西汉，河北中山王刘胜墓出土。

的"帝印"玉印也只有南越国宫廷作坊才敢制作（图3-4）。

汉代广陵国也有自己的玉作，当时的吴郡玉工颜规常常被广陵王钱元璙招至王府便厅解玉，不仅表明王府内有玉作，而且这位来自吴郡（苏州）的玉工颜规，也是苏州玉作史上第一位有姓名记载的玉工。

汉代第三个治玉体系——民间治玉。这并非指普通老百姓制作玉器，而是相对于皇室和诸侯国治玉而言，带有一定的商业性质，可能是为贵族、富商服务的制玉业。规模可能不大，制作有精有粗。其制作的葬玉，应该是仿制王侯用玉的。

《后汉书·朱穆传》记载了一个事件：有宦官赵忠，丧父，归葬安平，葬时僭越用以玉衣陪葬，官员朱穆闻之，下郡案验，遂发墓剖棺，陈尸出之。这里赵忠僭越所治为父殓葬的玉衣是违法的，所以被朱穆严查，开墓剖棺。这样的玉衣既不可能在皇家东园制作，也不可能为诸侯王宫制作，只可能是民间治玉作坊私自制造。

玉器少有铭文，目前墓葬中出土的玉器很难界定哪些是皇家统一制作，哪些是诸侯国自己制作，更难界定民间治玉作坊的作品。但笔者认为，汉代用玉毕竟有一定制度，玉器本身也是纯粹的奢侈品，基本被垄断在王侯贵族以上的阶层手中。对于那些墓主地位达不到王侯级别，而本身又相当富有或有一定社会地位的富商贵族来说，其所用

图3-4　南越王墓出土的玉印拓本。

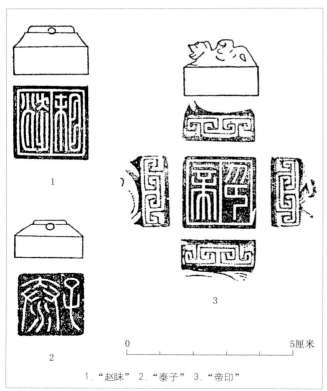

1. "赵眜" 2. "泰子" 3. "帝印"

0　　　　　　5厘米

玉器可能就是这些专门制作玉器的民间作坊的产品。

在这三个制作体系中，皇家治玉无论从玉料来源还是玉器制作工艺上都具有官方的垄断地位，所产玉器质优工好。各诸侯国王室治玉则是其重要补充，而民间治玉可能仅是少量的私自行为，未必在制作中得到政策许可，所以汉代出土的大多数玉器集中于王侯墓葬中，王侯以外的墓葬，从出土玉器总体看来，数量和质量均远远低于王侯墓葬。

魏晋南北朝时期，玉业不振，可能仅各个小朝廷中存在治玉业，制造供王室使用的玉器，如上海博物馆所藏"白玉龙纹鲜卑头"，背后左右两列刻铭："庚午，御府造白玉衮带鲜卑头，其年十二月丙辰就，用工七百。将臣范许、奉军都尉臣程泾、令奉车都尉关内侯臣张余。"这是历代玉器中唯一见有记载器物名称、制作机构、制作年月、制作工时及监造官姓名的作品，原一直认为此为南朝宋文帝的御用带饰之物，后经王正书先生考证，晋时内务府总管为少府卿，其下设专掌库储的"广储司"，晋时即被称为"御府令"。此件鲜卑头前面有所缺失，推证为东晋太和五年（370年）时，皇室宫廷玉作"御府"制作的玉带头（图3-5、6）。

图3-5、6　龙纹玉鲜卑头，东晋，上海博物馆藏。器背两侧刻有铭文。龙身上有一个个小凹窝，可能原有镶嵌物，玉质及雕工均十分精美，但残缺。

如此，这件小小的玉带头带给我们的信息就是东晋皇家的玉作机构是"御府"，制作这么一件玉带头用工七百，并有监造官。

春秋至南北朝时期的玉雕工艺

　　此期的玉雕工艺，如商周一样有开料、成形、雕刻、打磨、抛光几大工序。在审料过程中，玉工已经积累了丰富的识别各种材料的经验，可以根据不同的玉料因材施艺。对质料细腻的青玉、白玉等闪石类玉料，雕琢精细，费工费时，抛光亦好；对玛瑙、水晶等质硬性脆的材料，因易脆、易裂，不宜琢制得过于纤巧，同时因料值不高，也不宜费工太大，故常以制作串饰为主；对那些质松性软的玉料，如孔雀石、绿松石等，硬度分别为摩氏3.5°～4°及2°～4°，也不宜琢制的过于纤细，细部抛光难度也较大，所以多采用浑厚些的琢制，常雕琢为珠类作品和用于镶嵌的材料。

　　用玉的主体依然是闪石类玉料。尤其到了汉代，张骞通西域后，玉路的畅通使优质的和田玉得以源源不断地进入中原。致密、细腻的和田玉要求工艺更为精致，打磨抛光后也更显玉质的温润光泽，而铁质工具的大量使用也是此时工艺达到一定高度的保证。

　　此期是中国古典主义玉雕艺术蓬勃发展的阶段，尤其是汉代玉器，将战国玉器的造型、纹饰发展到了极致，又充分利用大一统帝国的优势，玉器造型向大件、雄伟、气势磅礴上发展，纹饰布局看似对称，实则灵活多变，龙、螭、凤等姿态多样，肌肉矫健，充满着张力，达到了中国古典玉雕艺术的一个高峰。

　　同时，春秋到汉代，玉雕工艺还有一个显著的特点就是葬玉的发达。葬玉有一套专门的制作体系，虽然在工艺上，葬玉的制作工序和日常用玉没有太大的差别，但是工艺的精细程度却有着很大的不同。许多葬玉仅仅刻出潦草的线条，有些器表的切割痕、打稿痕还清晰可见，打磨抛光亦不精细，甚至不抛光，保留了较多的治玉过程中的痕迹。而从考古出土玉器看，凡是日常生活中所用的玉器，如各种佩饰、用具，大多精工细琢，打磨抛光，制作过程中留下的工艺痕迹也常常被磨掉，很少保留。这也是此期玉器需要分别看待的一个特点。

从春秋到两汉再到魏晋南北朝，玉器制作逐渐走向高峰，又跌落至低谷。虽然如此，治玉工序同以往并没有太大的区别，同时，战国到汉代，玉器工艺中还表现出了许多先进的特点。

开料成形

此期开料成形过程中，使用铁丝线锯或直条锯，也可用圆盘铡砣切割，均加水及解玉砂，使用的工具视玉工习惯及玉料大小而定。锯或砣的边刃很薄，表明使用金属工具的锋利（图3-7）。满城汉墓玉璧和玉衣片上的平直锯痕，锯缝一般宽1～1.5毫米，也有的只有0.35毫米宽。

因铁质工具硬度及韧性均较青铜工具好，切割水平提高，这时器表已很少出现凹凸不平的现象，加之后期打磨精致，开料所留痕迹已很少见到，仅在一些葬玉器及未完工的玉器中，会因打磨粗糙或还未打磨而留下痕迹。

金属片状工具可以做准确的切割，适合成对片状器的制作，故常在分剖开来的玉料上留下互相对应的切割痕迹。战汉时期成对玉龙形佩身上常能发现这样的痕迹。此时"成形对开"和"对开成形"器增多（图3-8、9）。

另外，有些玉器的成形会利用边角料或就料取材制作，如将玉璧切下的边料制成玉龙等等（图3-10）。

在去料成形的过程中，娴熟的管钻工艺也常常被利用，器物表面会留下大小管钻的痕

图3-7　龙形玉璧，战国早期，湖北随州曾侯乙墓出土。此器为半成品，器上留有一道切割剖料痕迹，为金属线锯或片锯切割。

器上留有一道切割剖料痕迹

图3-8 龙纹玉觿，春秋早期，河南光山宝相寺黄君孟夫妇墓出土。两器大小形制相同，为"成形对开"法制作。

图3-9 龙形玉佩，战国早期，湖北随州曾侯乙墓出土。两玉龙采取对开成形之法，同一块玉料先切为两片，一龙身上还有对切之痕。切开后再分别雕饰纹饰，故造型稍有不同，但见玉料、沁色、大小一致，常常有一对相似物的感觉。

图3-10 玉璧与龙形玉佩，战国中期，湖北江陵望山2号墓出土。此龙形佩下部为圆弧状，显示原和玉璧在同一玉料上，为利用切割玉璧留下的外沿边料制成。战国、秦汉时期常有此做法。

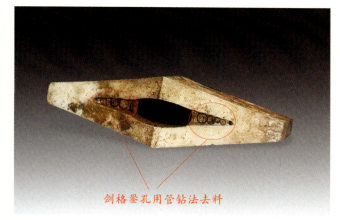

剑格銎孔用管钻法去料

图3-11 玉剑格，西汉，广东广州南越王墓出土。剑格銎孔用管钻法去料。根据器形要求从小口径管钻到大口径管钻依次排列，中间大孔采取管钻再拉丝成孔的做法，最后修磨抛光。这种去料方法在汉代玉器上常见。

迹，如龙与螭的身体弯曲转弯处及腿爪关节处，凤鸟尖喙处，脚爪卷尾处，玉剑格的銎孔等处以管钻去料，因管钻处大多不再修磨，故会留下一个个圆形管钻痕。这也是战国秦汉玉器上常见的一个现象（图3-11）。

玉与金属相结合的工艺

战国以后，玉与金属结合的工艺已经超越了商周。镶嵌工艺，拼接工艺都十分成熟和发达，不仅数量有所增加，质量、工艺难度都相当高。玉与铜、铁、金的镶嵌结合达到了完美的程度，装饰华丽，金碧辉煌（图3-12、13）。

此时多节玉带钩的制作，可以说前无古人，后无来者。目前所见出土的这类玉器并不太多，且集中在战国晚期至西汉早中期，以后各代均不再发现如此的治玉工艺，估计技术已经失传。典型代表如南越王墓出土的八节铁芯龙虎玉带钩（图3-14、15）。

与多节玉带钩制作方式相似的玉器还有战国多节龙纹玉璜（图3-16）。而战汉时期的玉柄刀或小削，柄内常残留有铁柄，也是相同的制作工艺。

玉具剑是两汉最为兴盛的器物，常用于铜剑和铁剑上，铜剑一般剑首与剑格以铜相铸，剑璏与剑珌则以玉为之。而铁剑最高规格者常常玉剑

图3-12 铜框镶玉卮，西汉，广东广州南越王墓出土。卮体为一铜框架，镶嵌9块玉片，器底及漆盖均嵌玉饰，边侧亦镶嵌单鋬耳，嵌入棱柱中。这种全器分格嵌玉的制作工艺在汉代主要用于器皿之上，十分少见。

图3-13 铜鎏金龙虎嵌玉龙剑首，战国，河北邯郸第十中学校区墓葬出土。由铜质龙、虎和玉龙三部分组成，铜龙分别以拱背、尾鳍及铜龙角端为嵌点，与玉龙上颌嵌接，在两端处还以铁钉相铆合，同时上部一龙大口圆张，口含一红玛瑙圆珠。这件器物构思巧妙，工艺难度较大，铆接工艺娴熟。

图3-14、15　八节铁芯龙虎玉带钩，西汉，广东广州南越王墓出土。带钩由一根铁柱穿连8块玉，背部弯拱，背面有3个铁质榫钉与中间铁柱相连，玉块之间用胶再进行粘固，使之严丝合缝。此技术因工艺复杂，难度较大，以后失传不见。

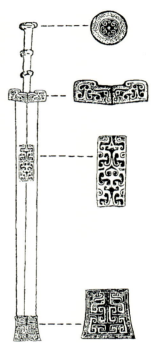

图3-17　玉具剑的使用方式（一般玉剑首与玉剑格多与铁剑镶嵌在一起）。

图3-16　龙纹玉璜，战国，河南辉县固围村出土。由7块玉组合而成，呈弯弧状，中5块玉均有穿孔，由一铜片贯联，铜片两端各出一小鎏金兽头。这种工艺与多节玉带钩有异曲同工之妙。

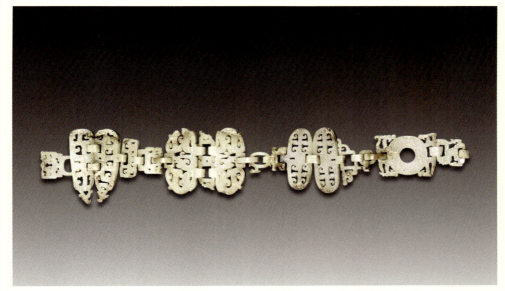

图3-18 十六节龙凤形玉佩，战国早期，湖北随州县曾侯乙墓出土。长48、宽8.3、厚0.5厘米，整器以5块玉料剖解成16节，中间以3个圆环和1个销钉连接成一串，各节可以活动并折起。玉佩环与环之间衔接紧凑，为用小桯钻工具掏雕出的活环。全身满饰龙凤纹饰，显示了当时最高的玉器制作工艺。

首、剑格、剑璏、剑珌四件成套（四川也曾出土5件一套的玉剑饰）。玉剑首与玉剑格与铁剑直接嵌在一起，而玉剑璏和剑珌则与剑鞘相连，故出土的玉具剑常见有铁锈的痕迹（图3-17）。

而汉代王侯墓葬中常常使用的金缕玉衣、银缕玉衣、铜缕玉衣的拼接设计也是独树一帜，工艺上的繁复可见一斑。如河北满城中山王刘胜墓出土的金缕玉衣全长1.88米，共用玉片2498片，金丝约1100克。玉片以金丝连缀，每片玉片上均单面钻孔以供金丝穿过，玉片切剖均匀，形状多样，有正方形、长方形、半月形、梯形、三角形等，有些厚度仅1毫米多。玉衣的出现是汉代金属与玉拼接工艺结合的一个创新（见图3-3）。

玉器的活环套接技术

活环掏雕技术制作的玉器自从商代发现以来，似乎沉寂了几百年，考古出土实物中一直未再发现。直到战国时期，活环套接技术陡然兴盛并成熟起来，出现了许多精品，湖北曾侯乙墓出土的活环玉佩是目前所见此期最高端的活环技术应用，墓中出土的四节龙凤形玉佩和十六节龙凤形玉佩做工十分精彩，为真正硬度较高的和田玉雕琢而成（图3-18）。

活环技术的应用可以使佩形象随意变化，打破了玉料长宽厚的局限，通过活环移位，达到巧用材料的目的，从而增加材料使用和调动的能力。

汉代活环技术进一步推广，不仅被应用于许多器皿的盖、耳等部位，而且仿造铜铺首衔环做法，制成玉铺首衔环。商周青铜器中，活环者较多，但对于商周玉器的制作，这还是一个难度较大的工艺。战国以后，玉器造型仿制铜器衔环的技术已不再是难题，故在器皿及一些装饰题材中经常使用（图3-19）。

图3-19 龙凤勾连谷纹玉卮，战国，河南洛阳金村东周王室墓出土，现藏美国华盛顿弗利尔美术馆。制作工艺不仅采用了活环工艺，而且利用了金玉镶嵌，在盖顶面四周镶嵌一周金饰，金玉辉映，十分精致。玉盖与活环为整料雕琢，活环还被雕琢成绞丝状，加大了工艺难度。

钻孔工艺

此期玉器的钻孔工艺十分成熟，钻杆式工具被应用于玉雕的许多方面。钻头由铜管到铁管，由铜桯到铁桯，较细长的玉管内孔也可打的很直。但如果两面钻，有时也会出现台阶痕，只是外大里小的喇叭口形状已基本不见。串珠的打孔更为普遍，战国、汉代墓中常常出土有玉珠、绿松石珠、玛瑙珠等，在直径还不到1厘米的单件小珠上打出细小之孔，用金、银丝线等穿缀而成，十分绚丽多彩。

大口径的金属管钻出现于春秋战国以后，最大直径可达30～40厘米，可以管钻玉璧的外轮廓，所以此期玉璧外廓大都可见细密的旋痕（图3-20）。广州南越王墓最大的一件玉璧直径达33.4厘米，内外孔壁均有丝丝平行细线纹，应是使用大口径管钻钻孔的痕迹。陕西西安枣园南岭汉墓出土的一件玉璧，外直径达43.2厘米，也有管钻的旋痕。管钻工具的进步，为战国、汉代出现如此多的玉璧创造了技术上的条件。

图3-20　玉璧外径侧管钻留下的螺旋痕。

管钻裁切下来的边料也可继续做成玉佩或玉觹（图3-21），也有被保留下来雕琢为玉璧的出廓纹饰。

管钻、桯钻工艺除打孔以外，还被广泛应用于玉器工艺的各个

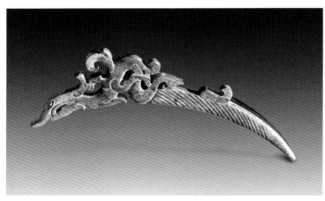

图3-21　玉觹，战国，安徽长丰杨公乡战国墓出土。玉觹呈弧形，为制作玉璧时留下的外边料制成。

方面，如利用管钻去料，成形，利用桯钻掏雕活环，甚至玉器上的刻划纹饰，也有使用细小桯钻的。战国晚期到汉代，器皿类玉器明显增加，这是熟练运用管钻工艺进行掏膛的结果，故深腹的器物里常常留有管钻痕（图3-22）。

镂空技术

春秋以后，镂空技术被大量的应用于玉器雕刻之中，战国时出现了一个小高潮，主要用于片状器物的镂雕，同时也出现了少量立体镂雕作品，其工艺风格一直影响到汉魏时期。

镂空方式如前期一样主要还是先打轮廓线，再穿孔定位，然后加金属线锯拉切成各种形状，也有以钻孔组成镂雕的一部分。金属线状工具使用时将线锯固定在弓形把手的两端，以手握弓把来回拉动，故常在切割面上留下细密的直线痕迹（图3-23、24）。

图3-22 利用管钻去料，形成纹饰的一部分。

一些打磨不十分精致的汉代剑璏的内孔常会留下一道道细密的直线痕，有时也会留下穿孔的痕迹。这一般是用锼弓子方法锼出的，是金属铁丝运用的结果，尖角利落。有时也会用一种较粗的金属条锉拉，这种工具也有称其为"拉条"（图3-25）。

图3-23 龙形玉佩，春秋晚期，河南辉县琉璃阁甲墓出土，台北历史博物馆藏。此佩以出廓玉环为整体造型，以镂空透雕表现环外龙身，并且在许多地方用管钻孔代替了镂空纹饰的一部分。

图3-24 龙鱼夔纹玉环,西汉,江苏扬州邗江姜莫书墓出土。器残缺,但是可以看出镂空处尖角十分锋利,是金属铁丝锼镂的结果。

留下一道道平行的线锯痕

图3-25 玉剑璏,汉代,故宫博物院藏。剑璏贯孔以拉丝去料,并没有深度打磨,留下一道道平行的线锯痕。

玉器的纹饰雕刻

在继承前代玉雕技术的基础上,这一时期阴刻、浮雕、镂雕、圆雕等工艺进一步发展,尤其是圆雕类玉器有所增加,突出造型与玉质美,如汉代的玉天马、玉辟邪、玉熊等。器物身上也大量装饰各种夔龙纹、云纹、卷云纹、谷纹、蒲纹、涡纹、乳钉纹等,均是先定位,再以阴线、浮雕或减地浮雕等工艺手法结合雕琢。浅浮雕玉器大多以减地法制作,先做出纹饰,再去地使纹饰凸出,纹饰的整体高度一般不凸出于边框(图3-26、27、28)。

汉代玉雕中大量运用"S"形的结构,典型的表现在龙、螭、凤鸟等身体的扭曲上,充满着力度和张力。汉玉的纹饰构图也往往在一件器物上变化多样,少有一模一样的对称作品,即使构图对称,其具体细节纹饰也不尽相同。如果器物的

图3-26　蟠夔纹玉璧，春秋早期，河南光山宝相寺黄君孟夫妇墓出土。纹饰以平行的双阴线构成，几何形构图，繁缛规整。

图3-28　长条形玉佩，春秋，江苏吴县严山窖藏出土。器为半成品，已减地浅浮雕出蟠虺纹，并阴刻细线纹，还未抛光，线底均呈现白白的琢线痕迹。

正反面均有纹饰，也不完全相同。

　　金属砣具已经完全应用于玉雕的各个方面，单阴线、双阴线、顶撞地纹等等。砣具在雕琢过程中，走砣准确、平稳，但在勾划弧形或圆圈纹时，因工具锋利，速度加快，常在线纹弯转处出现歧出的短线。

　　战国晚期到汉代玉雕中常见一种纹饰细密，细如毫发的阴刻线，俗称为"游丝毛雕"，特点如明人高濂在《燕闲清赏笺》中描述的："汉人琢磨，妙在双钩碾法，宛转流动，细入秋毫，更无疏密不匀"，其效果则"交接断续，俨若游丝白描，毫无滞迹。"其实这是细小勾砣工具运用熟练的结果，勾线流畅，走砣手劲运用得好，使阴纹曲线很少有断砣或重复的现象（图3-29）。

　　西周时的"一面坡"工艺发展到春秋以后，有各种变体（图3-30、31），立体感增强。其中一种独特的阴线雕琢法就是俗称的"汉八刀"，战国晚期玉璧上已经出现，汉代多见，常表现在玉蝉、玉猪、玉翁仲及一些夔龙、夔凤纹双区或三区玉璧上，其实并非名称

图3-27　绿松石子母鸽，东汉，江苏徐州土山汉墓出土。器长仅1厘米，圆雕一母鸽与一小鸽，母鸽回首正对着小鸽喂食，小巧精致，栩栩如生，可以说是一件难得的微雕作品。

图3-29　汉代螭龙纹玉璧上的细阴刻线，线条流畅自然，为小细勾砣勾划而成，转弯处有砣线歧出的现象，即所谓的"游丝毛雕"。

图3-30　虎形玉佩，春秋晚期，河南淅川下寺1号墓出土。一对，采用对开成形工艺，在纹饰雕琢中运用斜砣工艺，倾斜的凹面也成为虎佩纹饰轮廓的加强线。

图3-31　虎形玉佩，春秋晚期，江苏吴县严山出土。器身雕琢变形几何夔龙纹，身体上的S纹以斜砣双向反向雕琢，使中间形成一道扭转的凸棱，在光线的反射下，颇有光影变幻的立体感。

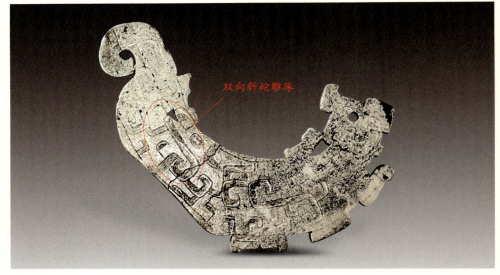

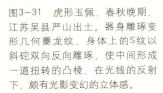

双向斜砣雕琢

说的那样以八刀雕琢而成，而是一种斜砣方法的使用，又称大斜刀，砣锋犀利，一气呵成，几乎不见砣的连接痕迹，阴线底部也抛光蹭亮，给人以刀片切的感觉，看起来十分简练利落（图3-32）。

用斜砣将猪的头、身、腹部雕出，刀锋犀利

图3-32 玉猪，西汉晚期，扬州市邗江甘泉姚庄102号墓出土。一对，采用稍大砣具，用斜砣将猪的头、身、腹部雕出，一气呵成，刀锋犀利，线条刚劲有力，是典型的"汉八刀"工艺。

钻孔工具不仅常用来去料，其去料方法也常常成为纹饰雕刻的一部分，尤其在汉代的浮雕动物的眼睛或周边及转弯处，常有管钻或桯钻留下的痕迹。另外，也有用桯具在勾转处钻磨圆形凹痕，强化纹饰的弯转。

此期玉器还有一种手工刻划的现象，尤其在战国汉代玉器上的刻字及某些玉器中的纹饰。笔者所见到的主要有刚卯、严卯上的刻划文字，有些玉璧、玉环外侧壁的刻划文字等等。这说明当时玉工运用了一种比玉硬得多的工具，可能为刚玉或金刚石之类，字迹较浅，但这种现象除表现在文字上以外，并不普遍（图3-33）。

图3-33 玉刚卯，严卯，东汉，安徽亳州凤凰台1号墓出土。上面的字迹为手工刻划而成。

各种玉璧的制作

蒲纹璧、谷纹璧、涡纹璧、乳钉纹璧等是战国秦汉时期常见的玉璧，那上面一个个旋涡、一个个谷芽、一个个六角蒲纹都显的十分整齐划一，制作规整。其制作工艺的流程，可以从南越王墓出土的一件未完工的玉璧上看出（图3-34、35）。

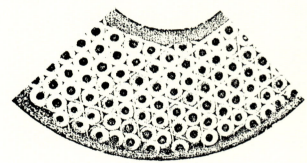

图3-34、35　玉璧，西汉，广东广州南越王墓出土。

图3-36　夔龙纹玉璧，安徽天长安乐北岗汉墓群出土。玉璧内区饰蒲纹，直接由多组平行直线交织，不再打圆形管钻，平行线组成一个个等边六边形，六边形内为一个个凸起的六边形蒲纹粒，顶磨平，亦可见蒲纹之间的小三角形颗粒。

玉璧为半成品，主纹圆粒明显，未经修磨，从中可推测当时的治玉流程：先剖切玉料，内孔径和外圆采用管钻，制作出玉璧的轮廓。然后在修磨成素面的玉璧坯上，用墨线划出打稿定位线，为三组相交的平行线，交角约为120度，这样大约形成一个个正六边形，在此六边形中排列管钻，留下的管钻芯就成为圆凸粒，推测此璧的管钻径为0.6、管钻壁厚0.2厘米，由于打管钻时用力不匀或稍有错位，留下的圆粒不太均匀，但大体已排列有序。

管钻后，再按照原来打好的墨线进行砣切修磨，切线宽约0.1厘米，经过精细的砣切，原来的圆凸粒逐渐被切成了六角形，顶部打平后，内外缘修磨边线、边棱，抛光以后就成为一件蒲纹玉璧。

在制作此类玉璧时，也可以不先布列管钻，直接砣切打好稿的三对平行线，那么平行线之间形成的纹饰也是蒲纹。蒲纹是因线纹交织如蒲席而命名的。蒲纹制作不需要减地，只要砣切工整就行，故一个个蒲纹粒之间会有一个个凸起的小三角形颗粒（图3-36）。

如果制作谷纹玉璧和涡纹玉璧，则将六边形内的凸粒修磨成旋涡状的谷粒或涡纹，边缘减地打磨掉即可，如果去地打磨的较为彻底，则将平行线也打磨掉，仅留下一个个饱满的谷粒或不饱满的涡粒。涡纹顶部并不特别突出，但因有一道旋转的阴刻线，圆心会产生凸起的感觉（图3-37）。汉代白玉质的玉璧常常琢以谷纹。而一些打过蒲格的蒲纹上有时也琢漩涡状阴刻线，成为蒲格涡纹。

战国、汉代的谷纹一般谷粒饱满凸出。谷纹分两种，一种是阴线保留的谷纹（图3-38），还有一种是不再保留谷粒上的阴线，而是将其打磨抛光掉（图3-39），后者制作工艺更为复杂。涡纹也有此两种，但以带阴线者为多。

另外还有一种乳钉纹，分V字形连线的乳钉纹、阶梯式连线的乳钉纹及半球形的乳钉纹三种。前两者多出现于佩饰玉器上，后者多出现在玉璧上。

图3-37　玉璧上的涡纹，又称为
卧蚕纹。

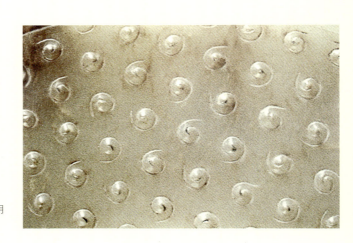

图3-38　玉璧上的谷纹，带有阴
刻线旋转纹，如逗点。

图3-39　汉代玉璧上的谷纹，
谷粒以高浮雕形式出现，更为饱
满，不再刻饰阴刻线条，从谷粒
顶端到旋转的尾部，均细细打磨
抛光，显示了谷纹制作的最高水
平。

图3-40 乳钉纹玉璧,汉代,江苏扬州高邮神居山2号墓出土。原固定在棺板上,还残留铆钉。璧两面饰凸起的乳钉纹,琢制方法与蒲纹相同,但乳钉旁减地磨平,底子处理的非常干净。

　　玉璧上的乳钉纹,先用砣具雕琢三对平行线纹定位后,再将六角形周边减地琢磨成半球形的凸起,状似乳钉。形状饱满,光洁明亮,凸起的乳钉并非圆形,而是六边形。从制作工艺上看,实际上乳钉纹是立体的蒲纹,琢制方法与蒲纹相同。蒲纹璧之蒲纹一般与玉璧平面平,除砣切底线外,不过多的减地,而乳钉纹之乳钉则凸出于器表,采用减地法使乳钉凸出,同时也将原蒲纹之间的小三角颗粒减磨去,仅留下一个个颗粒饱满的乳钉(图3-40)。

抛 光

　　战国中后期至西汉早期,玉器的抛光达到了十分精美的地步,尤其表现在生前使用的玉器上,有些玉器几乎达到了玻璃光的效果。但在一些葬玉中,常常未进行抛光或抛光粗糙(图3-41)。

图3-41　虎形玉佩，战国，河南
洛阳金村东周王室墓出土，美国
弗利尔美术馆藏。玉器不仅表面
抛光，地子亦抛光精亮，发出玻
璃光泽。

俏　色

和田玉籽料大量传入中原后，玉工尤善利用玉料的皮色，留皮制作，俏色作品明显增多，显示了玉器设计者的审料水平有很大提高（图3-42）。

改制器

改制器在此期较为常见，主要原因还是因为玉料的珍贵，人们不舍得将破损的玉器丢弃。也有将前朝遗留下来不明功用的玉器，改制成它器的。但此期大多的改制器出现于丧葬用玉中，如玉覆面、玉衣、玉枕、玉棺等等（图3-43）。

仿玉玻璃器的制作

中国古代国产的玻璃器大多为仿玉器而来，在玉料不足的情况下作为替代品，也被称为琉璃。

战汉时期在陕西、湖南、广东、河南、江苏等地出土有较多的玻璃璧，汉代也有较多的玻璃蝉、玻璃剑饰等。器物以模铸法制成，器表留有模印的痕迹，纹饰不是很清晰，破损处可见玻璃

图3-42　玉鹰，西汉，陕西咸阳元帝渭陵"长寿宫"遗址出土。玉鹰羽翅采用留皮做法，将玉料上的桂花黄皮保留下来，俏做成鹰的翅膀，生动传神。

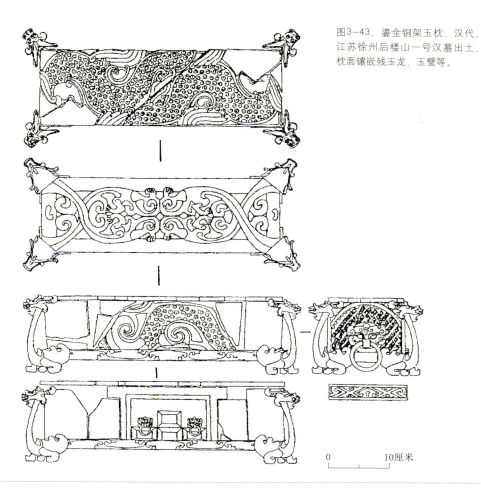

图3-43，鎏金铜架玉枕，汉代，江苏徐州后楼山一号汉墓出土，枕面镶嵌残玉龙、玉璧等。

0　　　　　10厘米

的贝壳状断口（图3-44）。

春秋、战国一直到秦汉魏晋南北朝时期的玉雕工艺，开启了中国玉雕业使用铁工具的历史，也正是因为玉雕工具的改进，战国晚期到汉代的玉器制作达到了古代玉雕业的一个小高峰，而后一个玉雕的高峰期要晚至清代。但是，相比后世的玉器，战国晚期到西汉的玉器更富有创造性，不少玉器构图打破了传统的对称平衡，赋予玉器造型极强的灵动感，且无失衡之态，玉匠有着丰富的想象力和创造力，较少受形式、纹饰束缚，作品线条夸张，富有力度和动感，尤其是各种龙纹、凤纹、螭纹的雕刻。故此时出现了大批经典之作，在工艺、纹饰和造型艺术上都达到了前所未有的高峰。

图3-44 琉璃具剑饰，西汉，扬州市邗江西汉墓出土。这套剑饰仿白玉，器物上纹饰均用模铸法一次成形。

隋唐至明清时期玉器的雕工

玉雕工具及玉雕作坊

玉雕工具的完善及最终定型

隋唐至明，玉雕工具在日用家具的逐渐演变中走过了又一次革新并最终定型。此时重要的已经不是工具质地的变化，而是砣机的抬高、动力的改变以及最终的完善。

砣机的高矮是随着家具的变化而改变的。没有桌椅以前，人们席地而坐或坐在矮床上，吃饭、看书、写字和休息主要用几和案。桌子的出现目前所见最早在东汉时期。魏晋以后，随着房屋的增高，居住面积加大，家具也相应的增高，种类增多，引起了人们起居和坐卧方式的变化，由席地而坐逐渐发展到垂足而坐（图4-1）。

人们起居方式的改变，使得重要的玉雕工具——砣机的抬高自在情理之中。

明代宋应星在《天工开物》中描绘有琢玉图，其中的砣机已经是十分成熟的"足踏高腿桌式砣机"，一人操作，以脚踏为动力来源（图4-2）。

至此，中国古代玉雕工具中最重要的工具——砣机，已走过了几次变革而最终完善定型：由原始砣机到倚坐或跽坐操作的几式砣机再到足踏高腿桌式砣机。原始砣机的面貌还不十分

图4-1　南唐画家顾闳中所作《韩熙载夜宴图》，图中绘有椅子、桌子、鼓凳、几、大床等多种高型家具，说明人们已经普遍垂足坐于高椅之上。

图4-2　《天工开物》中的砣机使用图。

清楚，而以隋唐为分水岭，之前主要以几式砣机
为主，可能由多人操作或一人操作。而工具则经
历了非金属砣具、青铜砣具、铁砣具三个时期。
隋唐—清—20世纪60年代均为铁砣桌式砣机，足
踏动力，在砣机上一人操作即可完成玉雕的大多
数工序。

　　最终定型的这种足踏动力砣机的出现，不
仅节省了人力，提高了功效，而且由于动力的加
强，砣头旋转的速度更快，玉雕速度显著加快，
从而使玉雕工艺水平有了一个明显的提高。

　　除了砣机以外，清代也有专做某项活计的特
殊工具，镟床就是其中的一种。清代镟活较为发
达，清宫中大量的玉碗是依靠镟活制作出来的，
有专门的镟床。

　　此时的钻杆式工具也有了进一步完善并达
到了其使用的高峰。钻头除铁质空心管钻头和实
心桯钻头外，部分皇家或贵族玉作中可能也使用
了质地坚硬，达到10度的金刚石。它们大多都是
进口，如扶南（今柬埔寨）、印度、波斯、凉州
等，《新五代史》中说到10世纪时甘州回鹘也出
产金刚钻，并成为朝贡的礼物。

　　钻杆式工具按使用方式可分为两种，一种是
固定在砣机上的钻杆式工具。由于砣机演变为足
踏高腿桌式砣机，实心钻和管钻均可以装在砣机

上，以足踏做动力治玉。钻杆的固定也使桯钻及管钻的旋转更为自如，转速也更快，加工时即可玉料转动，也可钻杆转动（图4-3）。

另外一种为非固定式钻杆工具，它由一钻杆与一横杆配合，横杆两端结绳，将绳缠绕于钻杆上，拉动横杆，钻杆即可转动（图4-4），模样就如20世纪中期还存在的锔瓷（锔碗）行业，锔者钻孔时，手拿的也是一个钻杆和横杆结合的工具，横杆两端要和钻杆顶端连绳，下压横杆便可以使钻杆转动。这种古老的钻孔方式被用在生活的许多方面。

玉雕所用之解玉砂，在人们的逐渐摸索中，已有了固定的产地，并有高下之分。主要产地有邢州、忻州、玉田、大同等地。《天工开物》云："中国解玉沙，出顺天玉田与真定邢台两邑，其沙非出河中，有泉流出，精粹如面，藉以攻玉，永无耗折。"

另外，此时玉雕工具的质地，在文献中也有多种记载，除了主要的普通铁质砣具、前文提到的金刚钻外，《天工开物》中还记载了一种镔铁刀："（玉）既解之后，别施精巧工夫，得镔铁刀者，则为利器也。"

镔铁是古代使用的一种优质钢，原产于西北，以镔铁制成的治玉工具，比普通铁质治玉工具更为锋利或坚硬。此时随着社会的进步，我们并不排除一些玉工改良自己的玉雕工具，利用多种材料，按照自己的玉雕习惯来做工具，提高治玉功效。

另外，清宫中在乾隆二十八年，为琢磨一件云龙纹大玉瓮（图4-5），引进了陕西关中地区所产的一种"钢片"，非常锋利，使得本来按常法20年才能完工的玉瓮只耗费6年就已完工。这种"钢片"到底是何物？现在还无法证实，有人认为是钢砣；有人认为是清宫造办处档案中所记的"火连片"，是一种当时山西生产的人造磨料。它们用来雕镂玉器比常法更为快捷，尤其应用于

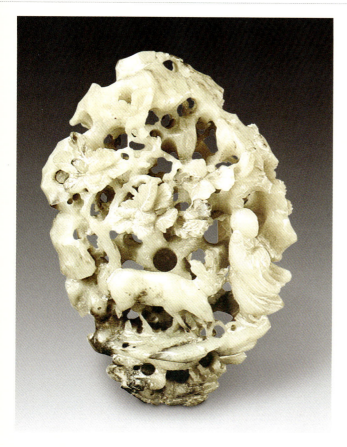

图4-3　人物纹玉山子，宋代，故宫博物院藏。玉山镂雕，器身大小桯钻痕迹明显。

图4-4　手拉式空心钻杆打孔方式。

图4-5 云龙纹玉瓮,清乾隆,故宫博物院藏。高60、宽135、深34.5厘米。玉材大且重,下配有紫檀雕海水纹木座。巨瓮随形而雕,器外高浮雕9条巨龙,出没于云海水间,内壁打磨光滑。内底镌刻于敏中楷书、朱永泰刻字的乾隆御制"玉瓮联句有序"及臣僚联句近2000字。此瓮是清宫中几件巨型玉器中琢制年代最早的一件,代表了乾隆时期造办处大型玉雕的制作水平。

大型玉雕。无论怎样，这应是一种工具和技术上
的改良。

玉作及玉雕工匠

隋唐以后，玉器制作和使用状况发生了很大
的变化，一方面，历史背景的不同，统治思想有
所变化，使玉器在社会生活中的地位有所下降，
尤其是明以前，为皇家礼制制作的玉器数量大为
减少。另一方面，城市经济的兴起，市民阶层的
扩大，玉器逐渐向世俗化、商品化转变，大量实
用性、装饰性的玉器开始出现，民间玉作兴起，
玉器产品出现于街巷店肆，使得较为富裕的百姓
也能拥有。从此玉作业渐渐有了官作与民作之
分，所以这一时期也是宫廷玉作业和民间玉作业
均有长足发展的阶段，清乾隆时期的玉作更是达
到了中国玉雕史上的辉煌。

隋 代

隋朝国运短祚，文献中未见宫廷玉作的记载，
但隋文帝的统一也使治玉业开始走向稳定发展，从
西安隋代李静训墓出土的金扣玉杯、玉兽、玉钗、
玉扣、玉戒指、玉小刀等玉器中可见一斑。墓主人
李静训，只是一个9岁的女孩，其父李敏，曾被隋
文帝杨坚养于宫中，外
祖母杨丽华是隋文帝长
女、周宣帝皇后，其母
为周宣帝之女，李静训
从小生活在宫中，所以
墓中出土的玉器，基本
可以视为隋代宫廷玉作
的产品（图4-6）。

隋代的治玉工匠，
名见者有万群、何通。
唐代颜师古所撰的《大
业拾遗记》中，记载隋

图4-6 兔形玉佩，隋代，陕西
西安李静训墓出土。玉质洁白温
润，似兔形，除腹部有简单的阴
线作毛发外，余皆光素，显示出
隋朝宫廷玉器尚简练、玉质之美
的特点。

图4-7 舞蹈纹玉铊尾，唐代，陕西咸阳唐昭陵陵园出土。长10.5、宽5.1、厚0.8厘米。玉质洁白温润，雕琢一跳胡腾舞的男子。工艺精湛，可视为唐代宫廷用玉。

炀帝看中殿脚女吴绛仙，但当时她已嫁玉工万群为妻，故万群可能为当时宫中玉工。何通是太府丞何稠的父亲，由北周入隋，据记载也是"善斫玉"（《隋书•何稠传》）。

唐 代

唐代玉器出土不多，宫廷玉器面貌并不十分清楚，陕西唐昭陵陵园出土的舞蹈纹玉铊尾（图4-7），可视为唐宫廷用玉。唐代宫廷玉作由少府下设的治署管辖，主官为"令"。

《唐会要》中曾记载一个小故事：唐德宗命玉工做玉带，其中一件玉铊误坠地损坏，玉工六人就私下用钱数万到市场买玉来补上坏的玉铊，等到献给皇帝时，德宗指其所补者问："此铊光彩何不相类？"玉工们叩头伏罪。故事说明唐代民间玉作的存在，其产品作为商品在市肆中流通。

五代十国

五代十国时期，整体玉雕业并不兴旺，但各国基本上都有自己的玉雕作坊。吴越国可能是其中规模最大的，曾多次向北宋王朝进贡奇珍异宝，数量甚巨。其中开宝九年（976年），北宋太祖诏吴越王钱俶入朝，钱俶贡奉犀玉带及宝玉金器等5000余件，从中可见吴越国用玉数量之大，如果没有自己的治玉业且不具有一定规模，是很难满足上述需要的。浙江临安康陵发现的吴越国二世恭穆王后马氏墓，出土了70余件玉饰，以片状妇女饰件为主，玉质大多为白玉，切割的很薄，技术高超，代表了吴越国宫廷玉作先进的玉雕技术（图4-8）。

另外，当时后晋、前蜀、南唐以及于阗等小

图4-8　凤纹玉簪花，五代十国时期，浙江临安吴越国马王后墓出土。长10.5、宽4.2、厚0.13厘米。切割很薄，两面透雕凤凰衔绶纹，是吴越国宫廷玉器的代表。

国，也都有自己的玉雕业和玉雕工匠。例如，成都前蜀国王王建墓中曾出土一套刻有蟠龙纹的玉带，上有银扣两个，玉銙七方，圆首铊尾一方，均刻龙纹，在铊尾背面刻铭文记载：永平五年，后宫发生大火，第二天在火中找得宝玉一团。玉工皆说，玉经火不中看了。皇上却认为，此乃天生神物，怎能被火损坏！遂命玉工剖解之，果然玉质温润洁白，虽良工也不曾见过。将其制成大带，其胯方阔二寸，獭尾六寸有五分。并以灵异及皇上圣德，谨记此铭文（图4-9、10）。

宋 代

　　宋代官家玉作属文思院管理，隶属尚书省下工部。除文思院外，宋徽宗时曾令童贯在杭州、苏州置造作局，为皇室生产玉器。南宋偏安一隅，杭州因有吴越国时期留下的治玉基础，设置官办玉作坊也在情理之中。

　　宋代治玉工匠，又称为"刮摩之工"。文献中留下姓名者有赵荣、林泉、崔宁、陈振民、董进等。如宋真宗大中祥符元年，要刻琢封禅用的玉牒册，文思院玉工说用玉很难刻琢，宰相请用珉石代

图4-9 云龙纹玉带，五代，四川
成都前蜀国国王王建墓出土。由7
块方镑和1件铊尾组成。

图4-10 五代前蜀王建墓云龙纹
玉带铊尾拓片。

替，宋真宗认为以石代玉奉天，可能不合乎礼，就遣中使询问玉工，玉工中有名赵荣者，言太平兴国中，曾与众工治美玉为牒册，岁余方就，放置于崇政殿库。于是取而用之。又有元陆友仁撰《研北杂志》有，"曾见白玉荷杯，制作精妙，上刻臣林泉造。"可见赵荣、林泉均为宫廷玉作名师。

宋代手工业中的封建隶属关系较前代松弛，无论是官营还是私营手工业作坊中，都出现了许多雇佣工匠。封建隶属关系的松弛，有利于劳动者生产积极性的提高，原来在官营玉作的雇佣匠人，也可转向私营玉作。

这些私营玉作称为"碾玉作"，宋吴自牧的《梦梁录》中记载南宋杭州城内的繁华，其市肆团行中分有各种行、作，其中就有"碾玉作"。宋代民间玉器的琢制就来自于各地的"碾玉作"。《东京梦华录》述及北宋汴梁街头："每日自五更市合，买卖衣物、书画、珍玩、犀玉。"杭州也有专门从事玉器买卖的店铺。《西湖老人繁胜录》记述了宋代一家名"七宝社"的店铺里所贩玉器的品种，有"珊瑚树数十株，内有三尺者，玉带、玉梳、玉花瓶、玉束带、玉劝盘、玉珍芝、玉绦环、玻璃盘、玻璃碗、菜玉、水晶、猫眼、马价珠、奇宝甚多。"从一个侧面反映了宋代民间玉作业的情况，也展示了民间玉器交易的繁盛。

辽 金

相继与北宋、南宋对峙的辽、金，其玉雕业是在俘获大量汉族工匠的基础上发展起来的。《金史·舆服志》中记载刻琢春水纹饰的吐鹘玉带，说明金代不仅有自己的玉作业，而且生产具有自己民族特色的玉器（图4-11）。

图4-11 吐鹘玉带，金代，湖北钟祥明梁庄王墓出土。

元 代

　　元代大军南下之时，烧杀屠掠，但唯有工匠得免一死，使元代治玉业具有了一定的规模，设立了"诸路金玉人匠总管府"，下属有玉局提举司、金银器盒提举司、玛瑙提举司、金丝子局、瑾玉局、浮梁磁局、温犀玳瑁局等（《元史·百官》。另外，元世祖之时曾设"杭州路金玉总管府"，其中就管理碾玉业的生产。

　　元至元十六年，置"大同路采砂所"，管领大同路民户一百六十户，每年采优质解玉砂二百石，运到大都，用来给玉工治玉所用。

　　元代玉雕工匠，史籍并无留下姓名者，唯相传著名的道教全真教祖师邱处机，擅长治玉的各种技艺。

　　邱处机，道号长春真人，生于金熙宗皇统八年，历南宋和金，后入元，他曾游历于新疆、甘肃、陕西、河南等地，传说他能"掐金如面，琢玉如泥"，他到北京城后，皇帝封其高官，并请他掌管造办机构。传说他在北京主持白云观时，曾亲自带领徒弟们琢玉，后被北京玉石业行会尊为琢玉业的祖师。

　　果真如此吗？笔者对此说一直深表怀疑，后到北京白云观访踪觅迹，终于找到了那块载有邱长春与玉器行渊源的石碑，这才揭开了邱处机"治玉"之谜。

　　石碑位于白云观云集山房东侧，名《白云观玉器业公会善缘碑》（图4-12），碑文叙述了尊崇长春真人为玉器业祖师神的原因：言其修道时曾"遇异人，得受禳星祈雨、点石成玉诸玄术"，西游返京后，住持白云观，"念幽州地瘠民困，乃以点石成玉之法，教市人习治玉之术。"由此，燕京的石头也变为瑾瑜，由粗涩变为光润，治玉有良法，攻采玉料不再担心

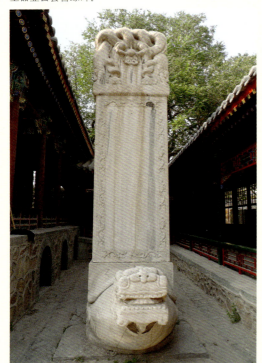

图4-12　民国二十二年立白云观玉器业公会善缘碑。

玉材不足。在燕京城中，治玉业成为首屈一指的行业。玉器行人感激长春真人，在元时已认邱真人为祖师，每到其诞辰之时，都来拜祝，后集议创立玉行商会。乾隆五十四年，又在白云观创立玉行布施善会，发放馒头。民国二十年，改名为"玉器业同业公会"。次年在白云观立此碑表述对邱处机的感恩报德之忱。

由此看出，治玉行的人，已将邱处机神仙化，认为其有"点石成玉"之术，笔者考查白云观中关于邱处机生平事迹道行的其他碑文，皆未发现有此说，故教人治玉与点石成玉均应为子虚乌有之说。据白云观老道长忆述：旧时北京玉器行业中的人与白云观道侣关系十分密切，道侣视玉器业人为"居士"，互以师兄弟称呼。清代，全真教与清廷内宫及权贵相交频繁，声势高涨，玉器行人从商业利益出发，再加之对邱真人的崇奉，奉其为祖师和行业神也情有可原。

所以，历史上的邱处机并非治玉之师，这只是治玉业中的一个传说、奇闻故事而已。

图4-13、14 "大明宣德年制"款春水玉，明代，故宫博物院藏。

明 代

明代的宫廷服务机构，主要由宦官二十四衙门组成，即十二监、四司、八局。其中十二监中的御用监，管理着官方玉作。御用监所造玉器，有明确款识者，为故宫所藏的一件春水玉，在边框上琢制"御用监造"和"大明宣德年制"款，这也是目前所见唯一的一件同时刻有治玉场所和年款的玉器，也是御用监制作玉器的实证（图4-13、14）。

明代中后期，民间玉雕业逐渐繁荣昌盛起来，在南方的苏州，逐渐形成了一个治玉中心，这和江南地区资本主义萌芽，经济发达有关。北京虽然是北方的治玉中心，但正如《天工开物》中所说的"良工虽集京师，工巧则推苏郡。"

当时苏州的知名玉匠很多，苏州地区陆子刚之治玉，鲍天成之治犀，朱碧山之治银，赵良璧之制锡，马增力之治扇，周治之治嵌及吕爱山之治银，王小溪之治玛瑙，蒋报之治铜，皆十分有名。这些知名手工艺工匠的社会地位较高，很多和文人缙绅交往，作品也成为文人、豪富所追捧的对象，产品价格往往高出普通者数倍（王世贞《觚不觚录》）。其中贺四、李文甫、陆子冈、王小溪都是治玉高手，以陆子刚名气最大。

陆子刚，江苏太仓人，常居于苏州，具体生卒年代不详，但在嘉靖之时已经成名。

陆子刚之名，在明代当时的文献和清代文献中就有"陆子刚"与"陆子冈"两种写法。笔者在故宫所见到的清宫旧藏的子刚款玉器，也是两种写法都有。所以陆子刚、陆子冈到底为一人还是两人，真是很难断定。

明人王世贞将陆子刚排于吴中各种工艺名匠之首，张岱在《陶安梦忆》中也称陆子冈治玉为"吴中绝技之一，""上下百年，保无敌手"。

如此高的名气，作品理应是精美绝伦的。但笔者见到故宫所藏的刻有陆子刚款的玉器，风格却迥异。以器皿为多，真正如文献中所说良工苦心，精工细作者并不多。有些作品，刻工粗率，实难将其与名气极大的陆子刚联系起来。而且各种款式都有，有些一件器物上能刻琢多个陆子冈款，精工与粗率者皆有。如此看来，陆子刚可能因当时名气太大，已出现了仿品，后来就被当成了一种品牌的象征，成为高档玉器的代名词。明代就已有仿冒和盗用，这一现象一直延续到清，甚至当今的玉雕业（图4-15、16、17）。

清代

清代宫廷玉作主要为造办处。

顺治年间，清宫内务府已设立造办处。初

图4-15　子刚款玉发簪，明代，南京博物院藏。通体浅浮雕琢刻龙凤纹，在一侧浅刻"文彭赏"三字，下端琢"子刚制"三字。文彭为文徵明长子，也为明末著名书画家，雕刻家，与陆子刚同时代。此簪可能真正出自陆子刚之手。

图4-16、17　子刚款玉合卺杯，明代，故宫博物院藏。合卺杯有凸雕螭龙及凤，器身刻阳文诗铭及"祝允明"三字，口沿处阳刻"子刚制"篆书，祝允明与陆子刚为同时代人，此杯有明代特征，清代时在杯内配铜胆将其变为香熏。

在紫禁城皇宫内廷养心殿置造办活计处，康熙四十七年（1708）全部迁出，后又将部分作坊设在慈宁宫南，白虎殿（今废）北的一带青瓦建筑里，负责制造各种物品。养心殿造办处成为一个沿用的名称，其实就是清宫内务府造办处。根据《养心殿造办处各作成做活计清档》，雍正时造办处各作活计档中就有玉作，说明它是从康熙延续而来。乾隆时期启祥宫内也曾设有玉作。

另外，在圆明园和紫禁城中均有"如意馆"。这两个如意馆内也曾设有玉作，归属造办处管理。

北京在元明时期就是玉器制造的集中地，有着自己的工匠，称为"北匠"，来自苏州等南方民间玉作的工匠称为"南匠"。造办处的玉匠主要由北匠、南匠组成。当时著名的玉匠有杨玉、许国正、陈廷秀、都志通、姚宗仁、邹景德、陈宜嘉、张君选、鲍德文、贾文远、张德绍、蒋均德、平七、朱玉章、沈瑞龙、李均章、吴载岳、王振伦、庄秀林、姚肇基、顾位西、王尔玺、陈秀章、朱鸣崎（歧）、李国瑞、王嘉令、朱时云、朱永瑞、朱光佐、朱仁方、刘进秀、李世金、蔡天暗、张君选、六十三、七十五、八十一等，后三者系披甲旗人，其他大多数是苏州织造选送的，工艺水平很高。这里有擅长刻字的玉匠朱时云；擅长鉴定，能指点"学手玉匠"的姚宗仁等。在玉匠中能画样、选料者做领衔，来自苏州的南匠姚宗仁、邹景德等能够画样、选料，处于领班地位。

所以要征调苏州玉工的原因，从档案看，主要是苏州玉工技术"精练"，北京刻手"草率"，正如乾隆诗中所说"相质制器施琢剖，专诸巷益出妙手"。苏州专诸巷是江南治玉业聚集的地方，这也是对苏州玉工的最高评价。他们曾被招至北京为满蒙贵族雕琢玩具，并令他们传授技术。

苏州玉工雕琢风格典雅纤细，较之北京工手所做之器更能将玉之灵性体现出来。所以苏州来的玉匠成为宫中玉雕主力也自在情理之中。

造办处除自己制作玉器供宫廷使用外，还分

派活计给各地作坊。乾隆时期为宫廷制作玉器的尚有苏州、扬州、杭州、江宁、淮关、长芦、九江、凤阳等地。

清代民间玉作也十分繁荣昌盛。上述地区为皇家服务的玉作，同时也带动了当地民间玉作业的发展，尤其在苏州、扬州地区，形成了两大民间治玉中心。

苏州在明代已是治玉中心，集中于苏州阊门外专诸巷，那里作坊林立，高手云集，琢玉的水砂声昼夜不停，比户可闻。道光时，苏州阊门外就有琢玉作坊200多家，盛极一时。陆子冈、姚宗仁、都志通均出自专诸巷玉工世家。苏州治玉同行业间，实行专业分工，有开料行、打眼行、光玉行等，已形成一定规模生产。当时还组织了同业工会，以周王（宣王）为他们的祖师，在周王诞辰时展出名人的杰作及前辈艺人的作品，借祭祖之名，进行观摩。

苏州治玉以精巧见长，当时习俗，农历八月半左右，豪门阔户要常设玉器玩物，开门供人观赏为乐。

扬州是清代另一重要的治玉中心。扬州玉作以大取胜，玉如意、玉山子是其特色玉雕，故而清宫造办处常令其制作玉山，著名的"大禹治水图玉山"、"丹台春晓图玉山"均是由扬州玉作制作。民间小玉作坊也以山子、佩饰件见长。

清代新疆叶尔羌地区是西部的琢玉中心，据档案记载，当地的维吾尔玉工善琢制玉剑上的玉柄，常见马首柄，花形柄和光素柄等，有的错金并嵌宝石，具有阿拉伯艺术纤巧细腻的风格。另外乾隆中晚期，已有中国的江南玉工在叶尔羌建立自己的作坊，他们和当地维吾尔族玉工参与仿制了大批伊斯兰风格的玉器，不但可接受清廷疆吏的委托制作，成品也可销往内地（图4-18）。

图4-18 描金花卉纹玉刀把，清代，故宫博物院藏。

另外，当时北京、杭州、天津、上海、广州等地都有民间玉作。清宫造办处如意馆活计过多，工作不敷应急时可以临时外雇玉匠，说明当时北京还有独立的制玉业和身份自由的玉匠。在乾隆五十年前后，北京的珠宝市和廊坊二条一带已经逐渐形成了珠宝玉器业的商业街市，这些街市上的玉器店铺许多都是前店后厂的形式，自家就有玉器作坊。光绪年间，除廊坊二条外，崇文门外花市一带也有许多玉器作坊，附近的青山居则是珠宝玉器行行内的交易市场。广州、云南等地，清末时则以碾琢翡翠见长。

清廷覆灭，造办处也随之瓦解，下属的作坊都散了摊子。民国初年，北京的玉器作坊有七八家，较大的有三家，工匠都有几十人以上，如廊坊二条梁幼麟开的荣兴斋；廊坊三条刘启珍的宝珍斋；炭儿胡同高姓开的玉器作坊。他们所用的高级工匠，不少是原先宫中造办处的工匠。后来，玉器需求量增大以后，玉器作坊在北京有了进一步发展，也形成了许多珠宝玉器的集散中心。

隋唐至明清时期的玉雕工艺

隋唐以后，从总体上看，玉雕工具已经基本定型，有的只是不同时代、不同地区、不同工匠、不同习惯带来的个别特殊工具使用和工匠治玉习惯的差别。如前朝一样有切割、钻孔、成形、雕刻、打磨、抛光等工序，使用浮雕、圆雕、阴刻、透雕、镂雕、镶嵌等工艺技法。到清代乾隆时期，中国古代玉文化发展到了最为繁盛的阶段，玉雕工艺集历代之大成，创作出了中国古代玉雕史上最为辉煌的大型玉雕。

中国古代玉器发展至此，从先秦时期的神秘主义，到战汉时期古典主义玉雕的辉煌，再到魏晋南北朝时期的衰落，隋唐以后玉器走向生活化、世俗化，直至清代达到玉雕工艺的顶峰，走过了一个辉煌的、独具特色的历程。

隋唐五代时期

隋唐时期经济发展，国力强盛，大唐盛世带来对外来文化强大的包容能力，当时绘画、书法、雕塑艺术等都呈现出新的气象。唐代玉器上也反映出广泛吸收域外文化养料的新风格，玉器制作趋向写实，走出了此前玉器神秘主义的象征风格，以实用玉器为主体，以人体装饰玉为主流，集材质美与工艺美于一身，更注重玉器的观赏性与实用性以及浓郁的生活气息。

但隋唐玉器的生产不如以前，一方面由于玉器的神秘性减弱，中国玉器彻底的由神秘主义走向了实用主义，由神圣走向了世俗。另一方面，其他艺术品的发展也冲击着玉器的生产。如唐代金银器，工艺技术精湛，已成为当时工艺品中最为辉煌的品种，大有取代玉器之势；气势雄伟的大型石刻造像、雕塑的流行，也有取代玉器小巧精致之势。

虽然如此，隋唐时期的治玉工艺，依然在以下几个方面独具特色：

器皿类玉器的制作

唐代玉质器皿类器物比前朝增加很多，这和唐代泱泱大国，西域各国前来朝拜带来玉料及丝绸之路畅通发达有关。玉料充足，可选的大件玉料增加，使玉质器皿的制作增加（图4-19、20）。这些玉器皿掏膛要采用多次钻孔切割才能完成，但器内基本不见制作痕迹，说明打磨技术先进。另外，唐代器皿在造型上大量吸收外来文化，用中国自身传统的治玉工艺碾琢出许多具有外来文化特色的玉器，从工艺本身来讲也是一个极大的进步。

玉带碾琢工艺发展

玉带是唐代王公贵族最为重视的玉器，具有

图4-19 玛瑙羚羊角形杯，唐代，陕西西安何家村窖藏出土。以天然玛瑙制作，羚羊眼先以圆形管钻打出轮廓，再以阴线勾勒出眼梢，凸出眼珠。身体抛光精致，内膛打的较深，口鼻端装有笼嘴形金帽，可以卸下，内部有流与杯腔相通，可用之饮酒，设计十分巧妙。

图4-20 玛瑙长杯。唐代，陕西西安何家村窖藏出土。此玛瑙杯器内外打磨光滑，不见琢痕，但利用玛瑙的天然纹理，抛光精亮，流光溢彩，带有俏色雕琢的特点。

一定的礼玉性质。完整的玉带在北朝时就有发现，如咸阳底张湾北周若干云墓出土的八环蹀躞玉带（图4-21），但是唐代仍然是玉带碾琢最为发达的时期之一。西安地区发现玉带较多（图4-22、23），为研究唐代玉带形制、特征、治玉工艺乃至唐代舆服制度和中外文化交流都提供了十分珍贵的实物资料。

镶金嵌宝工艺与玉的完美结合

金与玉的结合在先秦就已出现，汉代发现多例金玉结合的例子。但是隋唐时期，金与玉的结合不仅兴盛，金也不再如前朝般处于玉器的从属地位。金、宝石等在整个玉器中已不是配角，这是外来文化被吸收并广泛应用的结果，是珠宝金玉复合工艺的有力见证（图4-24、25）。

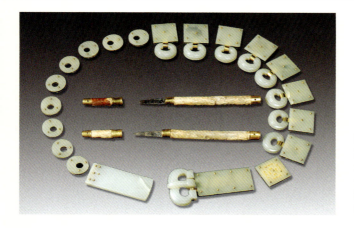

图4-21　四环蹀躞玉带，北周，陕西咸阳底张湾北周若干云墓出土。玉带由鞓与钉在其上的带銙、偏心孔环、铊尾、带扣及鞓后所衬鎏金铜片组成。另有两件悬挂在带环上的带鞘刺锥。

图4-22　狮纹玉带，唐代，陕西西安何家村窖藏出土。由16个玉部件组成，铊尾和方銙上减地浮雕各种形态狮子，背面有对钻的牛鼻孔。

图4-23　胡人抱琵琶纹玉銙，唐代，陕西西安韩森寨唐墓出土。中心减地浮雕一胡人演奏琵琶，以阴刻线刻划细部纹饰。

图4-24　玉梁金筐宝钿真珠装蹀躞带，唐代，陕西长安南里王村唐窦皦墓出土。玉带外框在唐文献中称玉梁，玉梁上打榫眼以穿金钉，框内以炸金珠工艺为地，包镶多色彩色玻璃的"宝石"，金、玉、"宝石"耀眼辉映，富丽堂皇。

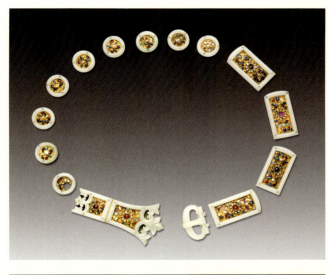

图4-25　镶鎏金嵌宝珠玉臂环一对，陕西西安何家村窖藏出土。环以铜鎏金合页将三段弧形玉连接而成，各弧形玉以鎏金铜片和铰链式合页轴连接在一起，相接处制成花朵形或虎头形，中间嵌各类宝石，有些已散佚。各色宝石与金、白玉相辉映，极尽华贵。

图4-26、27　玉龙首，唐代，陕西西安东南郊唐曲池遗址出土。长18、宽7.5厘米，圆雕，是迄今所见唐代玉雕中形体最大的一件，身上阴刻纹饰以砣具琢出，背面有管钻取芯时留下的部分玉芯痕迹，边有直片锯切割的痕迹。龙头碾琢时走砣有力，雕塑感强，可能是皇室步辇或游船上的构件。

善用各种阴刻线刻划纹饰

　　隋唐玉器，喜用较为密集的阴刻线装饰细部，各类铁线描，线条飞动、流畅。一些大型圆雕作品，阴线砣痕深且有力，不仅显示出工具锋利的一点，而且表现出玉工已能较为熟练的运用高砣凳雕琢大型玉雕（图4-26、27、28、29）。

　　五代时期玉器受唐代玉器和金银器的影响，不同国家，不同地域，其治玉工艺的侧重点有所不同。浙江临安康陵出土的吴越国二世钱元瓘马王后墓，共出土玉梳面、玉步摇、玉佩、玉镶嵌件70余件，以片状饰件为主，玉步摇上还悬挂着小玉坠。这些饰件大多用于妇女的头饰，厚度在0.1～0.6厘米之间，因为切割工艺先进，玉料切剖较薄，多数半透明，加之透雕技法的充分应

图4-28、29 抚鹿人物纹玉佩，唐代，江苏无锡扬名乡出土。两面均浅浮雕，但有立体效果，似一件压扁的圆雕作品，正反两面浮雕减地，以薄砣砣出纹饰的细阴刻线，刻划精微。

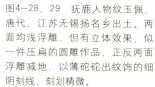

图4-30 灵芝花玉片，五代，浙江临安玲珑镇后晋天福四年康陵出土。高6.3、宽8.4、厚0.12厘米，白玉，整器切成薄片，镂空采用管钻与线拉相结合的方法，玲珑剔透。

图4-31 玉善财童子，五代，浙江杭州雷峰塔地宫出土。童子以圆雕、镂空、阴刻多种工艺雕刻而成，下端有榫，插在一方形器座上，这种立体拼装工艺在五代时期玉器上较为多见。

用，器物显得玲珑剔透（图4-8、30）。另外，杭州雷峰塔地宫出土的五代玉器在制作工艺上出现组装立体玉饰件，这些立体拼装的玉饰件也为玉雕工艺开拓了新的领域（图4-31）。

宋辽金元时期

经五代十国之乱世后，宋统一了汉族政权，出现了较长时间的安定局面，并先后与辽、西夏、金、蒙古（元）南北对峙。这一时期的玉器，更远离了先秦汉代抽象、神秘、夸张的特色，继续着隋唐以后玉器写实化、世俗化的发展趋势，立体感增强，清新活泼，更有浓郁的生活气息，以生活用器、装饰品、赏玩器为主流。宋朝城市经济的发展，也促使玉器作为特殊商品进入了流通市场。

而辽金元在长期与宋的接触中，接受、吸收了宋的用玉制度，他们的玉工大多为俘掠来的宋代工匠，在玉材选用、碾琢技巧上均步宋玉后尘，玉雕工艺一如宋朝，但造型纹饰上逐渐形成了各自民族的特色。

此期虽然考古发现玉器较少，但所见玉器品种依然多样，在玉器雕琢中有以下几个特点：

1. 玉雕受当时成熟的绘画和雕塑艺术的影响，向立体化方向发展。此时最具特色的雕琢手法即为镂空透雕，镂雕作品激增。人物、花卉、动物、山水等玉器，往往运用此法，当时称为"透碾"，通过灵活运用各种实心钻和空心钻工具，充分结合圆雕、浮雕、减地等多种技法，表现层次，使玉雕作品渐渐摆脱了扁平片状造型，具有一定的厚度，图案也有较大的深度，构图景致深远，向多层次的立体玉图画发展。同时以深阴线表现花茎叶脉，以细阴线刻划细部，所谓的"枝皆剔起，叶皆有脉"。这种立体玉图画集绘画、雕刻之长，形神兼备，直接影响到清代的玉山雕琢（图4-32、33）。

图4-32 镂空松下仙女图玉饰，宋代，故宫博物院藏。青玉，采用镂雕技法，减地高浮雕技法，如一幅美丽的玉图画。

图4-33 春水图玉钩绦环，江苏无锡元代钱裕墓出土。绦环正面是一幅春水玉图画，描绘了北方少数民族春天狩猎时用海东青鹘捕捉天鹅的情景。在一个椭圆形环托上镂空透雕了四层纹饰，海东青鹘、天鹅、荷叶、莲蓬、慈姑叶、水草均深雕凹入，翻转交搭，有圆雕的效果。而从绦环一侧伸入钩系的绦钩，亦为高浮雕、镂雕。两者结合，宛如一幅立体的玉图画。

图4-34 莲鹭纹玉帽顶，元代，北京元大都遗址出土。整体宛如一幅立体的玉图画。

元代常见的各种纹饰帽顶，则是另一类空间感更强的立体玉图画。其雕琢亦采用多层镂雕、深雕、阴线相结合的方式，多层次镂空，用实心钻前后镂孔，并利用圆形或椭圆形的形制，以增强空间感。这类玉器为元人头上所戴之帽顶，在元代十分流行，但到了明代，由于服饰的更张，人们已渐渐忘却了其原来的用途，更多的将其装饰于炉上，成为炉顶，并仿其形制，制作出大批炉顶，每一个炉顶均是一幅立体的玉图画（图4-34）。

2．文房用品、香囊、帐坠、扇坠乃至各种实用容器大量增加，具有民俗与吉祥纹饰造型的娃娃、磨喝乐以及有谐音的吉祥物开始出现，成为新的玉器品种。其中莲孩玉是较为多见的宋代玉佩，它与宋代生活习俗有关，逢七夕或其他节日，儿童都要择取莲花荷叶执玩，效仿摩喉罗或磨喝乐（图4-35）。其来源于唐代化生求子的习俗，但到了明代就衍生为具有莲生贵子或佛教莲花贵子寓意的吉祥玉，故莲荷也是宋金之时十分喜爱的题材（图4-36）。

3．宋代仿古玉器兴起。宋时，闲逸与富裕阶层崇尚复古，金石学兴起，促进了古玉研究的热潮，玉器被作为文物成为贵族文人搜罗的对象。

北宋吕大临编撰的《考古图》著录有13件古玉器，开中国玉器著录、研究之先河。南宋赵九成的《续考古图》也著录有古玉器3件。由此带来对古玉器的热爱，当时仿古器及伪古器开始成为一种时尚。目前发现的唐、五代玉器中几乎没有仿古作品，而文献记载较早仿秦、汉玉器的为宋代作品，但是，即使如此，宋仿汉之作品是完全可以辨识的。

宋代的仿古器是基于喜爱古物的基础上，在新制玉器上采用某些古器物上的纹饰而来，而伪古器则是纯粹在利益的驱使下，以商业欺骗为目的制造的伪古物。从此，各朝代制作的玉器除了具有自身时代特色的本朝器物以外，都存在着仿古玉器和伪古玉器两大类（图4-37）。

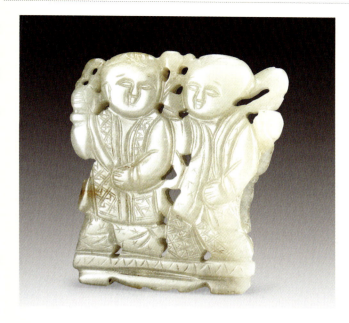

图4-35　童子形玉佩，宋代，中国国家博物馆藏。一童子上举莲梗垂向左侧，另一童子持莲，采用圆雕、镂雕、阴刻等技法。宋代孩童身上常用砣具雕琢出"米"字形花纹。

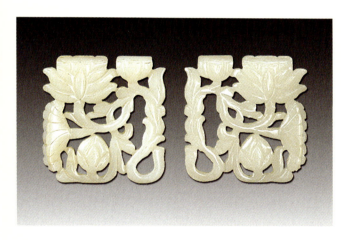

图4-36　白玉荷花冠饰，金代，吉林长春石碑岭完颜娄室墓出土。两物基本一致。以镂雕表现层次，以较深的阴线表现花茎叶脉，以细阴线刻划细部，刀法遒劲有力，婉转流畅，碾琢精致，写实性强。

图4-37　三螭纹玉璧，南宋，四川蓬安宋墓出土。螭纹及背面勾云纹仿汉，但与汉代风格不同，运用浅浮雕及减地方法，螭眼以小圆管钻雕琢，为宋代的仿古作品。

4．宋辽金元之时，玉器材料的设计利用水平很高，常常费尽心思，不仅俏色工艺常被利用，而且还不惜染色、烧色，力图使一件玉器作品达到色彩与玉料的完美结合。

明人高濂曾推崇宋工制玉，"不特制巧，其取用材料亦多"，为后人心思所不及。并举宋人琢高尺许的"张仙像"，将玉绺处雕琢为衣褶，如图画一般。所琢宣帝像，利用玉料中一片黑色雕琢为头发，而面部和身体、衣服则是纯白无杂色，充分利用了俏色做法。感慨"近世工匠何能比方？"（《燕闲清赏笺》）足见当时俏色工艺利用之精（图4-38）。

而此期玉器除利用天然籽料的玉皮色外，也常利用染色来弥补玉料外皮色彩不足的缺点（图4-39）。

5．元代玉器延续宋金而发展，玉雕作品有粗有细，透雕复杂，难度增大。但总体看来，较之宋玉的清新妩媚，雕琢手法渐趋粗犷，器物大多留有较明显的雕琢痕迹，尤其在镂雕作品的背面及缝隙间，常可看到钻头痕和钻锥出的线痕，往往不再修饰磨去（图4-40）。另外，元代作品爱用"重刀"，如在动物颈、四肢等处，如同颈断头掉。而植物杆、茎、叶中常常砣出深线，每一片叶，每一朵花均深雕凹入，枝叶折合，翻卷自然，交错叠压，如同现实中之花卉，具有极强的立体感。

6．此时期大型玉雕开始出现。目前虽仅见北海团城所放置的"渎山大玉海"，但这是大型玉雕的开始，为以后清代宫廷大型玉雕的制作提供了技术上的参考。

渎山大玉海（图4-41），70厘米，口径135×182厘米，最大周围493厘米，膛深55厘米，重约3500公斤。据《元史》记载："至元二年（1265年）十二月己丑，"渎山大玉海成，勒置广寒殿"，此时元世祖忽必烈虽已称帝，但距元正式立国（1271年）还有6年，说明此玉制造之时相当

图4-38　卧虎纹玉佩，金元时期，中国国家博物馆藏。本器利用玉料天然黄色玉皮巧雕为卧虎和柞树，以青玉为山石并俏色一灵芝，灵动形象。

图4-39　龟鹤延年寿字玉佩，宋代，故宫博物院藏。此器不仅利用天然皮色巧雕为龟与灵芝云纹，而且对表面云纹又加以染色处理，使颜色更为艳丽。

图4-40　玉绦环，元代，江苏无锡钱裕墓出土。从绦环背后镂空处深浅的桯钻痕来看，当时玉工并不修饰这些不易看到之处。

图4-41 渎山大玉海，元代，北京北海团城藏。

于南宋末年，或为元初之前，可能为当时蒙古汗设置的造作局所制，玉匠可能原为金代玉匠，工时不会少于五年。玉海外壁浮雕海龙、海马、海鹿等海兽，出没于海水、江崖之间，这件大型玉雕曾在乾隆十年至十八年间经过约四次修复和琢磨，内壁上还琢刻有乾隆颂玉瓮诗三首及序文，故并不容易分辨出元代工和清代工艺，但从玉海琢刻的某些细部特征还是能看出玉雕大量使用了钻杆式工具进行雕琢。浮雕图案之下的减地、去料较多的使用了管钻、桯钻，阴刻线也有使用实心小圆头桯钻工具，线条看起来好似一串串小圆点组成。这件大型玉雕的完成，可以证明宋元之时玉工已有雕琢大型玉雕的能力。

明　代

明代通过朝贡、自行贸易及受贿私鬻等多种途径进到内地的和田玉料相当多。这为玉器更为广泛的商品化制作创造了条件。此时，玉器已不再只是供帝王、达官贵族祭祀礼仪时佩戴，也不再是他们显示特殊身份的标志，而是走向世俗化、商品化，成为庶族地主、文人雅士、富商、城市富裕阶层也能享用之物。

当时玉器工艺制作的中心，一是北京，一是苏州。北京主要以宫廷玉器制作为代表，而苏州则是南方玉器制作的集中地。当时玉器手工业从业人数众多，已成为维持市镇经济良性发展的主要产业。

明代的治玉工艺，已能在文献中找到十分详细的记载。前文已提到，宋应星著《天工开物》，将玉器归入珠宝类，记载了玉料来源、开采、运输以及琢玉的方法，说明当时玉器手工业非常成熟。从工艺的传承及具体器物上留下的治玉痕迹推断，明代玉雕技术和以往唐宋元没有太大的区别，只是在雕琢风格及技巧上，有些自己的特点而已。

从玉器雕琢风格上，可将明代玉器大致分为明前期（洪武—天顺，1368～1464年），明中期（成化—嘉靖中，1465～1544年），明晚期（嘉靖中—崇祯，1545～1644年）三个时期。其特点主要有：

1. 明代前期玉器的制作工艺基本保留了宋元遗风，但也开始形成自己的特点，尤其是迁都北京以后，雕工趋向简练豪放，虽不及宋工精细，也受了元代粗犷简率的影响，但还是出现了一些精致而艺术水平较高的作品，尤其在器物纹饰造型的形神兼备和多层镂雕的工艺上，都与明中期风格有所不同（图4-42）。

2. 明代中晚期以后玉器的雕琢风格与前期相比有了较大变化，造型趋于程式化，镂雕作品多采用分层镂雕技法。尤其到了晚期，由于城市经济的繁荣、手工业的兴旺、海外贸易的昌盛，资本主义萌芽缓慢成长，促进了当时商品经济

图4-42　玉雁坠，明代初期，西安市文物局藏。玉质洁白温润，采用圆雕、镂雕的手法，镂空处以桯钻钻出孔洞，减地处也较为圆润。三只雁神态各异，生动自然。

图4-43 玉组佩，明代，湖北钟祥梁庄王墓出土。明代又恢复了组佩制
度，将其作为重要的礼仪用玉，但组佩各部组件十分简率粗糙，仅施以
简单的砣刻，亦不规整，有"粗大明"之感。

的巨大发展。玉器手工业规模扩大，分工较细，治玉效率增加，碾制了大量玉器。

但商品经济也造成了一定的负面影响：玉器造型和装饰纹样受到了很大的局限，如唐宋元那样的富于人文情趣的花卉禽鱼大为减少，而带有吉祥内容的作品大大增加。雕工上趋向粗犷简略、奔放不羁，分层镂雕的器物开始程式化，较多的使用各类锦地，如"之"、"十"、"卍"字等，用来装饰玉牌、插屏、玉带板的地子。为追求制作速度，带板表面与边廓平齐，少有弧凸的器物。其他各类镂雕作品都明显留下桯钻或管钻的痕迹。一些圆雕类器物，阴刻线较多使用了宽厚砣具，很少用细小勾砣，虽也有许多精工之作，但多是一种简括潦草的作风，故在玉器行中有"粗大明"之称（图4-43）。这种雕法主要突出纹饰的大轮廓，实际工艺简单、粗率，与明早期截然不同。为了适应大量快速制作的商业性需要，商家为利益所趋，往往以牺牲工艺与艺术为代价，其艺术水平和工艺技巧比之于宋元下降了许多。

明代器皿类玉器一般胎体较厚重（图4-44）。中后期仿古玉器十分盛行，主要集中在仿古器皿上。人物、动物的雕琢也大多只重视外表，忽略细部。童子除面部五官雕刻较为详细外，四肢及身上阴刻线衣纹均简单草率，略具象

图4-45 执荷童子玉佩，明代，青白玉质，童子衣纹简率粗犷。

图4-44 螭耳玉杯，明代，天津博物馆藏。碧玉质，杯器壁较厚，雕工粗犷。

图4-46 谷纹玉圭，明代，青白玉质。玉圭乳钉纹饰采用管钻定位，许多管钻痕还留在乳钉之下。地纹有定位线及减地打磨的痕迹，制作粗糙。

图4-47 单耳玉杯，明代中晚期，旅顺博物馆藏。青玉质，杯内涂朱漆，单鋬耳，身饰乳钉纹，以圆形管钻排列打稿，然后减地雕琢，交错排列，工整有序。

形，细部不再刻划，与宋代童子繁密的衣褶纹饰大相径庭（图4-45）。龙纹的凸眼和玉杯、玉圭等器物上的乳钉纹大多是先以管钻确定位置再磨去周围地子的方法制成，故往往留下圆形管钻痕迹（图4-46、47）。此时也常利用管钻后深陷的圆痕表示花蕊、莲蓬、兽眼等。

明代江南文人画的兴盛，使得玉器装饰图案有所变化，山水、诗句等开始被直接装饰到器物上，采用文人画的构图，利用浅浮雕的手法，营造一种悠远的空间意境。所刻山水楼阁、人物鸟兽俨若图画，时人称为佳绝。唯地子打磨不平，浅浮雕凸起极低且不明显，刻字多采用阳线凸雕技法，这些开启了清代山水人物雕刻盛行的先河（图4-48、49）。

3. 明代玉带的工艺特征：明代玉带已形成定制，即一条玉带由2块铊尾（又叫鱼尾）、8块长方形銙（排方）、4块细长条形銙（辅弼）和6块圆桃形銙（圆桃）组成，一套共计20块。出土实物中，除明早期一些玉带，如江苏南京明初汪兴祖墓中所出玉带为14銙外，其余大多为20銙，符合定制，只是个别玉带的带銙形制会稍有些不同。从明代玉带的碾琢可以看出明早、中、晚期玉雕风格的变化。

明代早期，还保留有宋元多重镂雕的遗风，有些带銙表面虽平，但层次之间过渡自然，枝梗穿插出入，分层不甚明显，纹饰图案碾琢时剔地、减地和镂雕处圆润，半圆雕使用较多，使用桯钻镂孔时倾斜角度亦大，故形象饱满，立体感强（图4-50）。

明代中期以后，透雕玉带的碾琢逐渐程式化，纹饰基本不再高出边框。特点是先用减地的雕法留出所需形象，然后在主体纹饰边缘把地子均匀降低，减地时过渡不再似早期那般

图4-48、49 "子刚"款山水人物纹玉方盒，明代，故宫博物院藏。盒盖上浅浮雕山水人物，底款也为阳刻文字，具有明代玉器的典型特征。

图4-50 灵芝纹金镶玉带，明代初期，山东朱檀墓出土。由20块玉铐组成，刀工虽较粗率，但灵芝纹圆润饱满，有宋元遗意。每块玉铐都有金片包镶，背面用铁丝固定于带上。

圆润，而是相对陡直，同时在降低的地子上镂雕卷云、花叶枝梗、"卍"字、"十"字、"工王云"等细密均匀的底纹。镂孔依旧采用桯钻，表面所留图像上用阴线、打洼、压地等雕法加工，并加以磨光，光亮而有纹饰的主体图像在暗影中的细密底纹衬托下显得很突出，有一定的立体感和层次感，尤其具有较强的装饰效果，给人以"花下压花"的感觉。而器物背面则为平面，可以看出使用桯钻时，倾斜角度并不大。有些玉带板的边框往往采用压地凹线的做法，呈现出狭窄光滑的凹条状轮廓线。有些纹饰图案类似剪影。这种玉带板制作方式一直延续到明晚期。

明代晚期玉带板的制作进一步程式化和装饰化，用细小的桯钻进行镂空，地纹更为密集，造型几何化，如密集的十字、米字窗棂形、卷云形、卷草形等。构图平布，分层明显，但仅分两层，类似窗花（图4-51、52）。

明代玉带亦有未镂空透雕者，工艺相对简单（图4-53）。

4. 明代治玉工艺中十分注重抛光工艺，光素无纹的玉器以及多重镂雕玉器的主体部位大多琢磨光滑，抛光莹润，具有玻璃质的光泽感，俗称"玻璃光"。

但明代玉器的次要部位往往处理潦草，甚至不打磨，不抛光。镂雕的玉器常常表面一层琢磨平滑、抛光，但里层较粗糙，留有桯钻时的加工痕，镂空边缘会出现打磨不圆滑而致的细微锯齿痕。这种现象的出现可能是为了节省工时，降低成本，在精工和省时之间寻找平衡，从而省去了背面和非主体部分的进一步打磨和抛光。

由此在明代也出现了另外一种独具艺术效果的玉雕艺术，即器物主体画面的光洁莹亮与磨砂地子相结合的新工艺，这种工艺在片状玉器，如玉带板、玉牌子上常常出现，因辅助纹饰或地子略下凹并处理成磨砂面，使得器物在折光的情况下更具有立体感（图4-54）。

图4-51、52 青白玉婴戏纹玉带板，明代晚期，上海浦东新区东昌路明墓出土。婴戏形象以隐起减地、镂空为主，童子周身减地，以密集的十字形锦地为地纹，但从背面看，童子并未浮雕于锦地之上，而是和锦地相连。但因浮雕镂空，有立体之感。

图4-53 狮蛮纹玉带，明代，江西南昌明墓出土。带板已受沁，减地雕琢胡人及狮纹，但底子没有镂空，仅打磨平整。

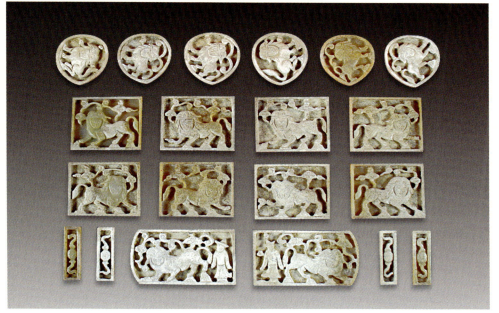

图4-54 寿桃纹玉带，明代，北京海淀区明代太监墓出土。带板以减地隐起的方法碾琢出寿字、寿桃等，并抛光精亮，地子不打磨抛光，而似石雕般处理为麻地，别有一番风貌。

此外，明代玉器根据材质的优劣，在抛光工艺上也有一定的不同，优质玉抛光极好，有较强的玻璃光泽。如定陵出土的玉执壶、宝石镶金玉簪、金盖金托玉碗（图4-55），玉带扣、玉带钩等。而玉质稍差的糟坑玉，即使玉质还好，但因器表常有疏密不等的点状小坑，难以打磨平，并易受沁蚀，所以即使有光工也光泽不强，这类玉在明代常见（图4-56）。如果是十分劣质的玉料，则光工更为不好，如同现在的低档商品。

5. 金玉珠宝复合工艺，这是明代在镶嵌工艺上一个明显的特点，是唐代"金玉宝钿真珠装"的延续，盛行于皇家和工商较为发达富庶的江南地区。珠宝金玉工艺要兼顾珍珠、宝石、金银等各种材料，还要涉及金细工艺和珠宝镶嵌工艺，金细工艺中可能会涉及模铸、錾刻、金叶的掐累以及金粟珠等精细手工艺。珠宝镶嵌工艺中珠宝格外凸出、炫目，使得这些"宝钿真珠装"的玉

图4-55　金盖、金托玉碗，明代，北京昌平定陵出土，现藏定陵博物馆。玉碗为皇家用玉，虽光素，但白玉润泽无瑕。

图4-56　镶金龙凤纹玉带饰，明代，北京昌平定陵出土，现藏定陵博物馆。此玉为糟坑玉，玉质上易被侵蚀成麻坑点，虽为皇家用玉，因玉质不好，工亦较差。

图4-57　宝石镶金玉簪，明代，北京昌平定陵出土。为孝端皇后棺内所出，背后有"万历戊午年造"款，玉质洁白。玉簪光工极好，镶嵌红蓝宝石及猫眼石，十分华贵。

图4-58　嵌宝石玉带钩，明代，北京昌平区定陵出土，此种嵌宝石玉带钩是明代常见的形制，出土于万历皇帝棺内，为帝王用玉，故所嵌有祖母绿、红蓝宝石和黄宝石等高档宝石。

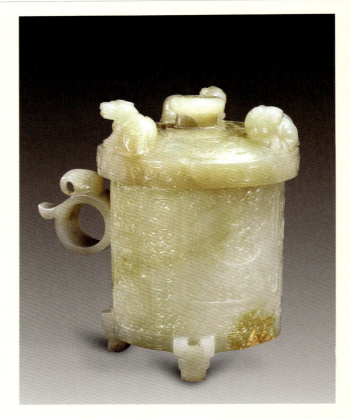

图4-59 "子刚"款夔凤纹玉卮，明代，北京海淀区小西天出土，带有"子刚"款，为仿汉代玉卮。纹饰风格皆有汉风，但并非刻意完全模仿汉器，有自己独特之风。

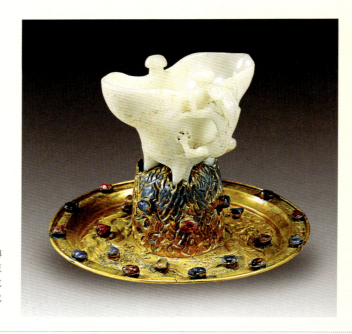

图4-60 金托龙纹玉爵，明代，北京昌平定陵出土，现藏定陵博物馆。器形上以古代青铜爵为蓝本，但有明代自己的风格，螭龙爪以大小钻孔分趾，这也是明代螭龙常用的工艺。

宝器十分富贵华丽（图4-57、58）。

6．明代中后期仿古风气盛行。明人高濂曾在《燕闲清赏笺》说："近日吴中工巧，模拟汉宋螭玦钩环，用苍黄、杂色、边皮、葱玉或带淡墨色玉，如式琢成，伪乱古制，每得高值。"而宋代编印的古代器物图谱《宣和博古图》与《考古图》，在1588～1603年间竟然翻印了7次，这大大启发了玉器仿古的创作，使得当时仿古玉器的碾琢十分活跃。陆子刚就是仿制古玉的一把好手。

但是明代的仿古玉从传世及出土实物看，并非完全地摹古，而是在一种似与不似的仿古中形成了自己的风格。这些仿古玉从形制上来说主要以器皿类玉器为主，大多仿青铜器，也有仿汉的佩饰，所用治玉工艺也较为古拙粗犷（图4-59、60）。

清　代

玉雕工艺发展到清代，可以说是对以往历代玉雕工艺的一大集结。此时，玉雕的各项工具均已发明，各种技术已十分完善。清代玉工有条件全面继承以往各时代玉器的碾琢技术和积累的丰富经验，同时，在此基础上，无论是时作玉还是仿古玉，均有所创新。尤其到了乾隆时期，皇帝的喜爱使其直接控制和利用各种有利因素，积极参与玉雕设计。治玉工艺集前人之大成，图案设计也广泛吸收绘画及伊斯兰玉器风格，达到了中国古代玉雕工艺的高峰。

清代治玉，大致可分为几个阶段：

1．顺治、康熙、雍正至乾隆前期，大约一百多年时间。这一时期玉器制作并不十分兴盛。顺治时期国家初创，百废待兴，无暇顾及玉器艺术品。康熙时，新疆厄鲁特部叛乱，交通不畅，玉路受阻。而雍正帝对玉器的喜爱程度远远不如瓷器，所以此期留下的带有年款的玉器实物较少，多是小件，如小盒、小盅、小杯和小碗等。到了乾隆前期，新疆准噶尔部叛乱，玉料来源多依靠

图4-61 鸡心玉佩，清康熙，北京海淀区出土。玉质洁白，精工细作，显示出清初琢玉工艺向精工细作发展。

图4-62 仿古玉斧，清乾隆，故宫博物院藏。乾隆十五年，太监胡世杰交白玉带板三块，传旨命如意馆玉工将其改制为白玉斧佩，这是其中的两块，刻"乾隆年制"和千字文"洪字七号、荒字八号"款，合装于一个紫檀木匣内，为当时仿古玉精品。

进贡和走私。因此，这一阶段新做玉器并不太多，但是做工在继承前明治玉技术的基础上逐步向精致化转变（图4-61）。

由于玉料来源的限制，此时还大量改制前朝玉器，有些还加刻本朝年款（图4-62）。

2．乾隆22年平定准噶尔叛乱后至嘉庆中期，60年左右时间。此期充足的玉材和技艺精湛的工匠，加上乾隆以自己的艺术修养影响着玉器的制造（许多作品创作经其授意、首肯，还命令金廷标、余省、姚文翰等宫廷画师参与玉器的设计、画稿），这些推动使得玉雕业空前繁荣，技术成熟并达到了中国古代玉雕的高峰，碾琢了若干巨型玉器，形成了以"乾隆工"为代表的帝王玉玉雕新风尚。

3．嘉庆中期以后至清末。这一阶段内廷玉器制造业渐趋萎缩，数量急剧减少，技术水平下降。同时，苏州、扬州的玉雕业也逐渐式微。后因玉材来源不济，玉器生产进一步下滑，碾琢技术降低，工艺粗糙。同治以后，只有玉首饰业有所复兴。玉器制造无论工艺还是产量均无法和第二个阶段相比。

总体说来，清代玉器的制作以"乾隆工"为代表，其玉雕工艺主要有以下特点：

1. 玉雕工艺的精工细作。清代治玉工艺虽承袭前代，但在工艺制作的精致细腻程度上超过了以往任何时期。设计纹样时，更注意其文化内涵。高浮雕、浅浮雕、镂雕、减地、压地、磨、刻、钻等多种技法兼施，灵活多变。阴线、阳线、隐起、镂空、烧色、碾磨等传统工艺并用，有所损益。各种线条使用刀法圆熟，藏锋不露，不见刀痕棱角，雕刻线条也略细。清代玉器地子处理得十分平整，与明代显然不同。钻孔时常常追求孔型的规整及孔壁的光滑（图4-63）。

图4-63 鹌鹑形玉盒，清代，故宫博物院藏。玉质青白温润，器身阴刻线细密精致。

此期碾磨抛光技术要求严格，光滑圆润，一丝不苟。一件玉器不仅器形表面的花纹图案碾磨抛光，而且膛里、底足、盖内也琢磨光滑。每个角度、每个转折或每根线条都尽可能仔细琢磨。抛光以蜡样光泽为主。乾隆时期的玉器，孔穴内大多光滑舒适，细磨抛光，即使背面不易看见之处和深凹之处也会做些必要的粗光功夫，力求完美。这是清代玉雕，尤其是乾隆鼎盛时期宫廷玉雕的显著特点（图4-64）。

但对于民间治玉来

图4-64 玉蟹，清代，故宫博物院藏。治玉精工，镂空处亦打磨精细，抛光滑熟，蜡样光泽。

说，则有精工与粗工的不同，不能一概而论。

2．治玉工序的细化及行业化。为了适应碾制过程的复杂和精细工艺，清代玉器行业分工较细。从档案记载看，无论是宫廷造办处，还是苏州玉器行，都有选料、画样、锯钻（包括掏膛、大、小钻）、做坯（做轮廓）、做细（镂刻细节花纹）、光工、刻款、烧古等工种。一件玉器需要这些工种的工匠分工合作才能完成。

画样就是对玉料进行设计。在宫廷造办处，能选料、画样者一般可做领衔，故玉器的因材施艺，即画样设计是最重要的，宫廷中如南匠都志通、姚宗仁都因此而处于领班地位。画样完成后，和玉材一起交其他部门开始制作。锯钻工属于粗工，做细、刻字、烧古因难度较大，属细工种，非常重要。做坯、做细、磨光等关键环节都要呈揽。玉器做完之后也一定要呈揽，评定等级，做的好的褒奖，一般的就说"知道了"，看不中的轻则斥责，重则处罚、停俸、减扣工银或者责令赔补等。

3．大型玉雕的出现。一般玉器在琢制纹饰时，大多数是手持玉石在转动的砣头上琢刻，仅在切割、打磨、抛光的过程中有时会不动玉石，以工具的来回运动完成。制作复杂的纹饰，手持玉石转动可做到弯转自如、方便灵活。稍大些托不动的玉石，可用吊秤吊起，一手扶持使之活动。

但清代乾隆年间，出现了上千公斤的大型玉雕，如"大禹治水图玉山"、"会昌九老图玉山"、"秋山行旅图玉山"、"丹台春晓图玉山"，多件云龙玉瓮等。它们大多来自新疆叶尔羌地区，原料比成器更为壮观，如"大禹治水图玉山"据清宫档案记载原重10700斤，制成后高2.24、宽0.96米。这件巨型青玉，采自新疆和田的密勒塔山，用轴长十一二米的特大型专车，用上千名工人推和一百多匹马拉运。逢山凿路，遇水架桥，冬天还要泼水铺成冰道，经历约3年的时间，才从新疆运到北京。其设计图样是以清宫内藏宋人《大禹治水图》为粉本，画匠设计了正面、侧面三

张画样。先做蜡形，因怕蜡样熔化又改作木样，由
造办处制成模型，经初步出坯剖料，再一并经水路
运往扬州，由善做玉山的扬州玉工琢制，历6年时
间制作。成器后，又运回北京。造办处令玉匠朱永

图4-65、66、67　大禹治水图玉山，清乾隆，故宫博物院藏。整器利用
较多的管钻、桯钻等技术，管钻的痕迹十分清楚。修磨较多的利用了钻
杆式工具。背面刻双行大字隶书："密勒塔山玉大禹治水图"，其下刻
竖行的乾隆七言诗计322字，注释文1212字。

泰等镌字后，置于乐寿堂，前后共用10年时间（图4-65、66、67）。

如此大的玉料是不易用吊秤吊的，更不可能用手拿，所以不可能将其放在水凳上来雕琢，清代也没有现在的电动蛇皮钻工具，那么它究竟是如何雕琢的呢？

近观玉雕，可见玉山上有大大小小的钻痕，有大孔径管钻，也有较小的桯钻，主要分布于孔洞、松叶、山石褶皱处。所以，从治玉技法上推测，手持灵活的钻杆式工具可能是雕琢这种大型玉雕的主要手法。另外，在玉山下面垫上一个带有转轮的木头盘机轮可能也是当时使用的一种方法，这样可以让玉山转动起来。而在玉山周围搭上排架，将砣机架高就可以解决砣刻细部纹饰的问题。还有金刚石刻刀以及清宫档案中提到的"钢片"或"火连片"也起到了十分重要的作用。从档案看，"钢片"或"火连片"需用量极大，这种工具的改革对琢制这种大型玉雕起到了至关重要的作用。

此外，这件玉雕不可能是一人完成的，需要多名玉工同时四面雕琢，并且要有组织、有秩序的按工种进行，是多人团结协作的结果。

4. 琢字技术的成熟与发达。由于玉料的坚硬和文字的规范，使得在玉器上刻字一直是治玉工艺中较难的工种。

中国古代玉器上的文字雕琢一般有三种情况：一为手工刻划而成，即用比玉坚硬之物徒手在器物上刻划。这种方法新石器时代就有，以后也常有发现，如汉代玉质刚卯、严卯上的字迹。一为砣刻而成，商代出现，以后各代均有，是玉器上常见的施刻文字方式。还有一种为书写而成，即以朱砂或墨在玉器上书写，如商代殷墟出土玉璋上的朱书文字，汉代玉印上也有发现，但是这种方式书写的字迹日久极易脱落，模糊不清。

清以前，虽然历代都出土过一些刻有文字的玉器，但总体数量并不多。相比于流畅的纹饰线条来讲，文字的刻划琢磨大多显得不甚规整，除有限的皇家治玉业外，民间治玉少有带文字者，这也说明在玉器上刻字是有一定难度的。

清代在官窑瓷器的影响下，开始在玉器上琢刻皇帝名号，如"雍正年制"、"大清乾隆年制"、"大清乾隆仿古"、"乾隆御用"、"嘉庆年制"等纪年款均有出现，书体有楷书、隶书、篆书等。乾隆时期，在玉器上琢制诗文的风气兴盛，尤其以乾隆御制诗文为多，这些文字，少则几十字，多则上千字，有的甚至达2000字以上，每篇诗文后面也多刻琢印章。

皇家的喜爱，必然引起民间的广泛仿效，苏州、扬州的玉作中也多有在玉器上刻琢诗文的，如玉山、玉牌、玉插屏、镇纸等玉器。

当时苏州玉行中专有在玉器上刻字的行业，其中涌现出不少擅长刻字的师傅，宫廷内务府造办处也经常要求苏州玉作选送刻字师傅进宫服务。乾隆十三年苏州琢玉匠师顾觐光、金振寰就是因为善于在玉器上刻字而被选入宫，在启祥宫玉作刻字。他们比一般琢玉工匠拿的薪水要高，每月给钱粮银三两，每年春秋两季领衣服银十五两。姚肇基、朱永泰、顾往西、朱时云、庄秀桂等都是乾隆中后期的刻字工匠。"碧玉云龙玉瓮"及"大禹治水图玉山"上近3500字的文字就为朱永泰镌刻。

此时玉器上刻字主要有两种方法，一种是砣刻，即利用台式砣机（水凳）进行刻字，小件玉器多采用此种方法，一般阴刻字所刻字口较深，笔划利落，没有较多毛道，刻字速度也较快；阳刻文字利用砣刻，如减地浮雕般琢字。一种是手工刻划，即玉工运用锋利的工具，如金刚刀一类徒手在玉器上刻划，所刻字口较浅，

图4-68　仿古玉斧，清乾隆，故宫博物院藏。器身字迹为砣刻而成。

图4-69　御题策杖图玉山子上所刻的"乾隆年制"款，四字为刻划而成，有较多的复笔和毛道。

图4-70 葵瓣形御题诗碗，清乾隆，故宫博物院藏。御题诗字口内填金。

笔划中有较多毛道、复笔，掌握不好极易划出笔道之外。此法刻字速度较慢，非水平高的工匠难以胜任（图4-68、69）。

清宫中许多刻铭玉器要填金，工匠为了使金粉不易从字口内脱落，字口内常常划的很毛，这样金粉混和黏结剂后也易粘牢，经久不掉（图4-70）。

5. 玉器设计文人化倾向，宫廷画师常常参与其中。清代玉雕出现了许多山水人物故事题材的玉器，这些图案或圆雕为各种玉山摆件，或表现在各类玉牌、插屏上，还有诸如笔筒之类的文房用具上。它们的图稿设计多出自于当时的文人画家，体现文人向往的山水景色，许多宫廷画师也参与其中。清画院、如意馆的画家大多出自四王吴恽的派系，擅作山水花卉，人物故事，对当时玉器的图稿和碾琢产生了相当大的影响（图4-71、72）。

这类玉器的碾琢，要求工匠能够把握描写的对象，将一个个砣具变成自己手中之笔，利用圆雕、浮雕、镂雕、减地、浅刻等各种不同的碾法表现画家的用笔，体现人物的姿态表情和山水的皴法，追求神韵与笔墨情趣。它们一般都碾琢细腻，玉工常会对玉料中绺裂进行巧妙利用，反而体现出山石的褶皱起伏。另外，玉工也善于吸取绘画中在构图上采用的平远、高远、深远"三远法"，注意层次远近，亦采用焦点透视法，碾琢深邃。使得整个玉雕如同一幅立体的山水画。如"大禹治水图玉山"就是以清宫旧藏宋代"大禹治水图"为蓝本而作，"秋山行旅图玉山"是依宫廷画师金廷标所绘的"关山行旅图"为样稿，"会昌九老图玉山"则以唐代会昌五年白居易、郑

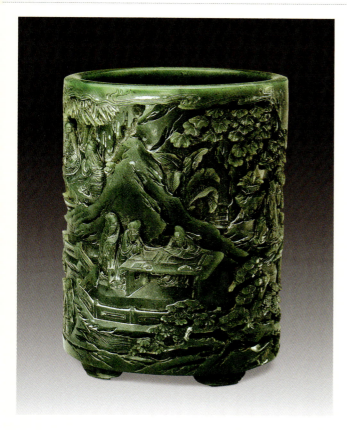

图4-71 "西园雅集"图玉笔筒，清代，故宫博物院藏。采用"三远法"深雕、阴刻山水人物，显示其寄情山水的文人情怀。

图4-72 "灯右观书"图玉插屏，清代，故宫博物院藏。插屏以减地浮雕技法雕琢，并于插屏背后阴刻隶书"御制赋得灯右观书"诗。

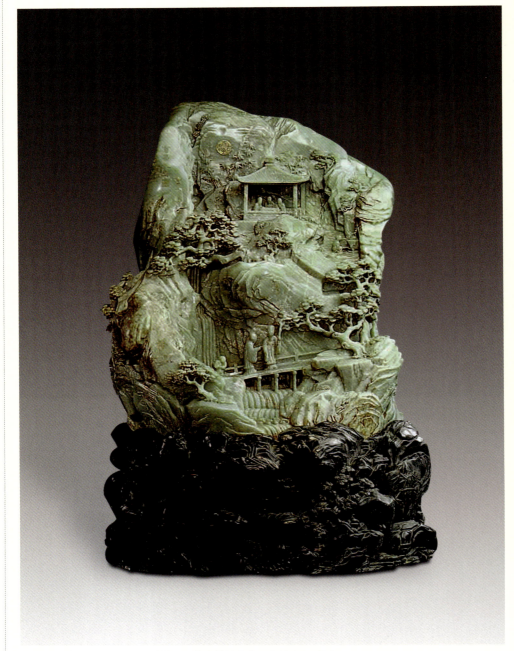

图4-73　会昌九老图玉山，清乾隆，故宫博物院藏。高114.5、最宽
90、厚65厘米。采取山形，利用圆雕、深浅浮雕、透雕、阴刻、钻孔等
多种方法雕琢画面，为乾隆晚期的玉雕巨制，与"大禹治水图玉山"基
本为同时期作品。

据、刘真等九位文人士大夫在洛阳香山聚会宴游的场面为题材，雕琢他们在山中品茶、下棋、抚琴、观鹤等文人雅士所行之事（图4-73），使观者如同身临其境，从而忘掉现实世界。这种反映山林野逸情趣的画面也是清代玉雕中常见的主题。

6．大量使用染色工艺。清代十分流行对玉器进行染色，不管是时作玉还是仿古玉，常常能看到各种染色。染色俗称烧色，其实包括当时烧色、烤色、琥珀烤色等多种方法。烧色行也是宫廷和民间治玉中别具特色的一个工种。清代文献中，纪昀的《阅微草堂笔记》和刘大同的《古玉辨》，都记载了许多当时最流行的方法，在宫廷仿古玉的制作中经常使用。其实这些方法宋元明时期已有使用，清代集历代之大成，花样翻新。

清宫中许多时作玉，现在依然能看到当时染色的黄皮。有些在原皮上又进行了加色处理，使皮色更为深邃。有些在作品的绺裂处，玉质的瑕斑处进行烤色，颜色或黄、或褐、或褐红（图4-74）。烧色的目的或为冒充籽料，或可使器物进行俏色雕琢，也有为了遮掩绺纹而烧补颜色的。如乾隆四十三年，清宫一件尚未完工的大型云龙纹玉瓮上的绺纹过多，须烧补颜色遮掩，当时京内无人能做，遂谕旨由苏州织造速派朱佐章及其子朱仁方二人进京烧补，现玉瓮存于故宫博物院乾清宫东暖阁。

当时许多玛瑙制品，也要事先经过染色和烧熟处理。

仿古玉中染色处理也是常见的做旧手段（图4-75），需要做旧的仿古玉常常选用玉质不好，或带有边皮、糟坑之玉，如此者更易受沁入色。

另外，染色工艺中有一种独特的琥珀烤色

图4-74 玉辟邪，清代，故宫博物院藏。此玉料有较多瑕斑，故在瑕斑处烧烤黄色，并进行俏色雕琢。

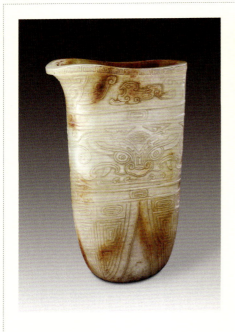

图4-76 双婴耳玉杯，清初，故宫博物院藏。此杯为工匠姚宗仁祖父所做的伪古玉，采用琥珀烤色法。

图4-75 兽面蕉叶纹玉觥，清代，故宫博物院藏。此觥纹饰仿古，并染色做旧，是清宫中常见的仿古玉器。

工艺，曾经骗过了乾隆皇帝。乾隆在《玉杯记》一文中记述工匠姚宗仁之祖父曾用琥珀烤色法做伪旧器，具体方法为：在玉质不好的地方（如果玉质坚硬，则用细金刚钻在器表打成细密的小麻点）涂上琥珀，用微火烧烤，夜以继日，经年而成。这种琥珀烤色工艺在康熙时十分流行，至乾隆时知道其法之人已经很少了。所以此法制成的玉杯竟被乾隆认为是汉以上之物（图4-76）。

7．仿伊斯兰玉器工艺、薄胎及珠宝镶嵌工艺。1768年（乾隆三十三年），乾隆皇帝得到了一对雕有花叶纹的玉盘，他非常喜爱这对玉器，并撰文考证它们的制作地为北印度的痕都斯坦，由此而将以后得到此处进贡的玉器或类似的玉器都冠以"痕都斯坦玉"之名。但是，台北故宫博物院的邓淑苹先生经过多年研究，认为清宫旧藏的痕都斯坦玉器并非仅来源于北印度，还包括土耳其及中亚地区，他们当时都是以伊斯兰教为官方宗教的政权统治区，所以将其统称为"伊斯兰玉器"。

这些玉器的特点就是装饰丰富的各种花叶纹

图案（图4-77），有些也喜爱使用五颜六色的宝石和金银丝镶嵌，制作十分精巧，尤其器物胎质一般较薄。乾隆认为"痕都斯坦玉工用水磨制玉，工省而制作精巧。迴非姑苏玉匠所及"。他对制玉"以水磨不以沙石错"非常惊奇，在多篇御制诗中都加以赞赏。"巧制出痕都，质高工更殊"（《乾隆御制诗集》）。

但从文献来看，乾隆帝并不清楚这种异域的水磨法到底如何制玉，中国玉工在仿制痕都斯坦玉器时也并未使用所谓的水磨法，而是照样用传统的"砂石错"（解玉砂）。

真有水磨法吗？亦或因琢玉时要加砂加水故而起名时省去了砂留下了水？是异域制玉的不同叫法，还是故弄玄虚骗过皇帝？现在都无从考证。但痕都斯坦玉器的装饰、造型艺术，还有其"薄如纸"的薄胎工艺，都被中国玉工所吸收，不仅仿制了一批痕都斯坦玉器，而且在本土的时作玉中也加入了这些异域的工艺元素。

乾隆皇帝常常称赞痕都斯坦玉器"薄如纸"的特点，认为此非中土玉工所能比及。由于皇帝的喜爱，痕都斯坦玉器在中国大受欢迎，价高利厚。利益的驱使势必引起仿制的大量出现，乾隆晚期，已有较多的仿制玉器进入宫廷，许多器物连皇帝本人也分不清，开始怀疑，虽然如此，但认为其"通体镌镂花叶，层叠隐互，其薄如纸，

图4-77 花叶纹玉碗，清代，原陈设于紫禁城永寿宫，台北故宫博物院藏。碧玉质，器两侧镂空花卉双耳，碗外壁浮雕莨苕花叶纹，内壁刻琢乾隆御制诗，为典型的伊斯兰玉器。

图4-78 双耳活环花卉纹玉熏炉，清代，故宫博物院藏。此器为清宫仿制的伊斯兰玉器，亦有嵌石、镂空花叶纹等，但是与真正伊斯兰玉器相比，玉器胎体略厚重，打磨得更精细，纹饰也较繁复。尤其是花耳与耳部活环，是痕都斯坦玉器中不见的。

图4-79 白玉海水人物纹印盒，清代。盒内外底均饰菊瓣纹，花瓣内凹，器胎极薄，难得的是还在上面浮雕出中国式人物纹和花叶纹，从纹饰看，为清代民间治玉中薄胎工艺的精品。

图4-80 菊瓣纹玉盘，清代，故宫博物院藏。此玉盘壁及器底琢刻为菊瓣形，胎体极薄，几可透光，为当时典型的中国式薄胎工艺。清宫内藏有较多这样的碗、盘等器皿。

益加精巧。"说明内地玉工已掌握了痕都斯坦玉器的制作技巧，仿制的玉器也更为相像（图4-78）。

其实薄胎工艺，在清代以前中国玉雕中也曾出现过，只是没有清代如此集中的生产。后来在痕都斯坦玉器的影响下，技术进一步完善。一般制作薄胎玉器的玉料主要选用青玉、青白玉，民国时也有用岫岩产的透闪石河磨玉制作。清代因发明特制的镟碗机，不仅能镟出体胎较薄的玉碗，而且能节省玉料，制作出形制规整，大小一样的器物（图4-79、80）。

金银珠宝镶嵌在痕都斯坦玉器的影响下，亦有较大的发展。在纹饰图案、造型艺术上加入了更多的异域风尚，与明代珠宝镶嵌风格截然不同（图4-81、82）。

8．创新品种层出不穷。清代玉雕工艺精致，奇巧创新品种层

图4-83　莲花牡丹纹玉香熏，清代，故宫博物院藏。香熏高20.8厘米，
碧玉制成，器形设计复杂，盖分五层，镂雕。熏体镂雕莲花、牡丹纹，
并伴以八宝纹。器内置铜鎏金碗以贮香料。器下承铜胎掐丝珐琅座，上
置圆饼形镂空白玉托。

图4-84 月令纹玉组佩，清代，故宫博物院藏。白玉精工，为一整块玉剖琢而成，中间一块圆形花蕊心为六环式活心，可转动，四周12块玉件间严丝合缝，其雕琢方法为镂雕工艺中的一种绝艺，难度较高。

图4-85 蝉纹双转心玉佩，清代，白玉质，镂空，蝉纹两侧框内分别刻琢童子，上下有轴可转动，且轴与整块材料统一雕琢，工艺精巧。

图4-86、87 白玉桐荫仕女图，清代，故宫博物院藏。此器原料原为和田籽料，进贡宫廷，后掏料作碗，宫廷中的苏州玉工因材施艺，将掏碗剩料设计成这一"桐荫仕女图"。器中月亮门原是碗材的口径，这件器物的构思与宫中所藏油画"桐荫仕女图"屏风图案相同，但人物形象比油画更为立体、形象。"既无弃物，且完璞云，"表明设计图稿的玉匠煞费苦心，艺术修养已非一般工匠所比。

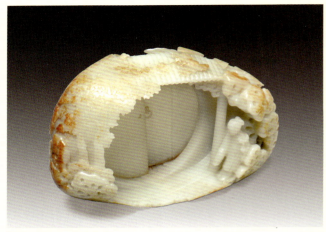

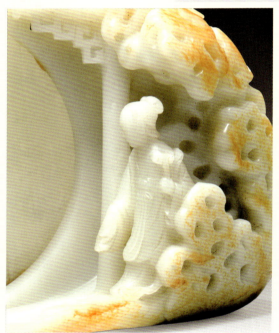

出不穷。如镂雕繁复、玲珑剔透的玉摆件、玉香囊；使用灵活转心工艺的玉佩饰；而变废为宝，独具匠心的玉雕"桐荫仕女图"的设计则充分表明，玉匠已不仅仅是普通的手工匠人，而是有一定艺术修养的艺术家（图4-83、84、85、86、87）。

中国古代治玉工艺发展到清代，已经达到古代技术的集大成期和巅峰期，虽然清晚期至民国治玉工具并未有多大改善，工艺水平也下降许多，但无法泯灭清代乾隆时期的治玉盛

中国古代玉雕常用工具及工艺流程

古代玉雕常用设备、工具和辅料

　　中国古代玉器主要以闪石玉为主，因其坚硬，特殊的玉雕用具是必备之物，笔者在前面几章曾逐一介绍。早期的玉雕工具材质基本为石质，以石攻玉。新石器时代晚期，青铜冶炼技术开始出现，商周以后，青铜工具走上治玉的舞台，直至东周以后冶铁业发展，铁的优良性能使治玉工具逐渐从石质、青铜，最终锁定在铁质工具之上。此外玉工也偶用金刚石、镔铁等材料制成的玉雕工具。

　　但是中国古代如何治玉，具体工具又是何种形状，明以前的文献中很少有记载。直至明末，宋应星在其所著的《天工开物》中曰："凡玉初剖时，冶铁为圆盘，以盆水盛砂，足踏圆盘使转，添砂剖玉，逐乎划断。"书中并配有两幅精心绘制的琢玉图（图5-1，4-2），这才使人们初步认识了古代玉雕设备的式样。从图中可以看出当时圆盘砣的情况和解玉砂的使用，但只谈及用铁盘砣带动砂子剖玉的情况，并未涉及其他的雕琢工具和抛光工具。

　　古代治玉设备，目前我们能够看到的比较完整的资料是清末李澄渊的《玉作图》，共12图，每图都附有文字说明，是一部纪实的工艺图画，

图5-1　《天工开物》中的砣机。

其工艺流程将在下节介绍。

　　无论是明代宋应星的《天工开物》，还是清代李澄渊的《玉作图》，均可以看到古代治玉工艺中最重要的工具——砣。下面就以所见到的明清图像结合治玉工艺，介绍古代治玉必备的条件、设备和工具。

玉雕所需的空间和设备

玉雕作坊

　　玉器的雕琢首先要有一个场地，这就是俗称的玉雕作坊。因为玉雕工艺是一门特殊的工艺，自古以来往往是手耳相传，师徒相授，具有一定的神秘性及不外传的私密性，所以常常以家庭为中心，以手工作坊的形式存在。

玉雕作坊需要的空间不大，但至少要能放下一张砣机及各种工具。重要的一点还要接近水源或能引进水源，因玉雕离不开水，砣具、钻头、解玉砂和玉的接触一定要有水来冷却，否则治玉过程中摩擦产生的温度过高，不仅会伤设备、工具，也伤玉料。

相对于民间小的玉雕作坊，古代宫廷的治玉作坊规模要大出许多，甚至可以进行一定的分工协作。但是一件玉器精品的出现必然从审料、粗雕、细雕直到抛光都要由玉雕高手亲自参与完成，甚或独自完成。一位真正的琢玉高手也必然对玉雕的各个程序熟练精通，所以皇家玉雕作坊也只是由一个个各具特色的玉雕大师带起的个体小作坊组成，是一个个小玉作坊的集合体而已。

砣　机

砣机是治玉时必备的设备，又叫解玉机，磨玉机，明代人称为"琢玉机"，清人则称"木凳"，工人称其"砣子"。《天工开物》所绘制的琢玉机图和20世纪上半叶所使用的砣机从功能和操作方法上几乎没有什么大的区别，全是脚踩轴动琢磨玉器的方法，在形状上也大同小异（图5-2）。

木凳由木架支撑，由凳面、凳槽、锅架、支撑轴架、座凳和踩板等部分组成。凳面上有前后两个支撑轴架。轴

图5-2　20世纪上半叶还在使用的木凳。

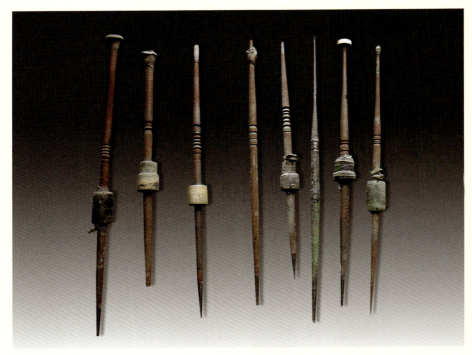

图5-3　各种铁质轴砣。

有木制和铁制两种，木制轴粗，直径约为50～60毫米；铁轴较细，直径约20毫米。轴端能够粘接各种类型的磨具、砣子，也有打钻、抛光工具等等。一般木轴用于粘结大的磨玉工具，铁轴用于粘结小工具（图5-3）。轴中部用麻绳或皮带绕几圈，下连接踩板。人坐在座凳上，左手拿玉石，右手攥解玉砂，接触转动的磨玉工具，两脚上下踩动踩板，使绳或皮带上下运动，轴就可以来回转动，琢磨玉器，所谓"足踏千里身不动"。凳槽做成簸箕状，放金刚砂和产品。凳槽前的锅架上有铁锅，便于接住流下的水和砂。

木凳可以称为以脚踏作动力的万能磨床，可一机多用，完成解玉、琢玉、抛光等几乎全部加工过程。

木凳分水凳和干凳两种，水凳用于琢玉，干凳用于抛光。干凳可以不用水，前面锅架可以省去，也可以水凳作干凳用。

砣机在不同时代有不同的构造，使用的动力亦有不同，新石器时代是否出现砣机还有争议，原始砣机的模样还是云里雾里。商周时期进入青铜时代，砣机出现，但没有发现遗存，具体造型实难明确。因当时之人席地而坐，高凳并未出现，砣机使用的动力可能为手动力，这种情况估计一直延续到魏晋。只是商周时开始使用金属砣工具，速度提升，功效增高。隋唐

图5-4　河北三河家庭玉作坊现在还在使用的老式电动地轴砣机。

以后，高凳出现，砣机的高度亦有所升高，出现脚踩动力，将人的双手解放出来，发展到我们在《天工开物》中所见到的琢玉机，速度进一步加快，功效大为增加。砣机不断完善的过程也是治玉技术由多人协作向一人单独操作的过渡。

20世纪60年代初，出现了电动机传动方式，代替两脚踩踏传动动力，以后砣机的动力改为了电动，将人的双脚也解放了出来，速度更快，效率更为提高。最初是电动机带动一根主轴，用皮带连接在琢玉木凳工具轴上，它能带动多台琢玉木凳工具轴转动，这是较为原始的电动琢玉手段，是一种木凳和电动机结合制成的"砣机"。至今笔者在河北三河地区一些家庭玉作坊中还能看到这种特殊的砣机，它的机身是木质，与木凳一样，唯有将脚踏板换下，连接一个电机做动力的铁轴，铁轴转动带动凳上的砣轴，其原理与后来全铁质的电动砣机相同（图5-4）。

60年代中期，研制出全铁质的磨玉机，当时成立的国营玉雕厂，使用的都是这种电动铁质磨玉机。这种磨玉机有多种样式，但大同小异，没有太大的改革，直至现在仍是琢玉的主要设备（图5-5）。

70年代初，钻石粉工具的兴起，是又一次重要的工具改革。在铁工具头上电镀一层钻石粉，

图5-5　现代琢玉机。

图5-6　蛇皮钻琢磨玉器。

改变了用手搭砂的传统方法，只用自流水冷却和琢磨即可，古老的解玉砂在许多工序中退出了历史舞台。这种工具头转速可达到每分5000转，形状有的和铁工具头相似，有的进行了改进。但与老的铁工具头相比，铁工具头可用钢锉随意改变形状，由大到小的使用。但钻石粉工具头样式固定，钻石粉磨损后就必须更换新头。

这种工具的改革方便了治玉者，提高了效率，也方便了使用软轴琢玉，即蛇皮钻的出现（图5-6）。蛇皮钻类似牙医的修牙机，人手拿软轴如同拿了一把雕刻刀，没有上下左右前后的限制，自由活动，可使玉石不动进行琢磨。它不仅适于做细部纹饰或小件玉器，而且大件玉器也都是用软轴卡上钻石粉工具制作，十分灵巧方便。它的旋转速度更快，可达到每分3000～30000转。

由于电动设备和钻石粉工具的使用，也带动了专用设备的引进和改革。开料有多种开料机，打孔有台钻打孔机和超声波打孔机，磨珠全部机械化，做碗、掏膛有旋碗机、掏膛机，抛光有震动抛光机等。最近几年，又出现了电脑雕刻机（图5-7）、超声波雕玉机（图5-8）、喷砂机等，一些简单平面的玉器纹饰雕琢基本可以实现

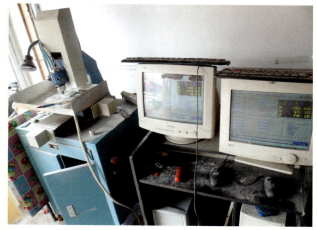

图5-7 现代电脑雕刻机。

图5-8 现代超声波雕玉机。

机械化批量生产，治玉效率又进一步提高。

但提醒人们注意的是，现代电动工具因转速太快，且只朝同一方向旋转，与古代砣机在玉器上留下的痕迹并不相同。虽然现在有全自动的玉雕机，但是真正的艺术创作依然是手工劳动，任何先进的机械也代替不了人的大脑和手，好的玉雕作品依然是纯手工艺品。

钻孔设备

钻孔虽然在玉雕过程中占有极重要的地位，但古代钻孔机械一直很简单，由拉丝弓和钻孔工具组成，主要方法为手拉钻杆式钻孔，工作原理与木工使用的拉杆钻相同，如果用于器皿的掏膛，将其放在钻凳上更为便利。

使用时将玉器卡在特制的钻凳上，钻杆上缠小绳，绳两端分别系在木棍的两端，做成弓的样子，钻杆头上依据玉石的种类和孔眼大小的要求，嵌入不同的桯钻或空心管钻工具。拉动弓，在钻弓的往复带动和钻凳上铁条的下压力作用下，逐渐下压钻孔，使用时需不断地加砂加水（图5-9）。

钻杆式工具置于钻凳上大多数用于器皿的掏膛。小件器皿的打钻有时不用钻凳，可手持打孔，不同玉工有不同的方法。因人、地区而异，

图5-9 打孔用的钻凳。

图5-10 使用铡砣切玉。

但工作原理大致相同。

玉雕工具

雕琢工具

从治玉的不同工艺程序来分，雕琢工具又可分为切割工具和琢磨工具，主要为各种形制的砣子。砣有碾轮的意思，早期的砣为石质，后来经历了青铜和铁制阶段，因均为金属制成，又写做"铊"。

从战国、汉代直至近代，雕琢工具基本以铁制为主，主要有切削和琢磨两种功用，也有工具介于切和磨之间。

铡砣 铡砣是重要的切割工具，铡即切的意思。主要用于开料和出坯（玉器行俗称为"刺活"）。铡砣又称"扎碢"，相当于圆盘锯，但并非如木工锯那样有锋利的锯齿，甚至连锋利的刃口都没有，因为硬度很高的玉石，是不可能用金属锯片锯开的，而是靠磨料的磨削作用切开。使用时，将铡砣垂直安装在主轴上，使砣片在垂直方向上作高速旋转，并随时加砂加水，对玉料进行切削（图5-10）。

铡砣片一般厚0.3～1.5毫米，依用途和直径有不同的规格。用途最多的是0.6～1.2毫米厚，直径在40～50厘米之间的铡砣，为薄铁板制成，中间起一个圆形台面，为箍，箍径大约6～7厘米，便于使砣面直接粘在木轴上。有了台面才可以使砣具有轻微的截断，获得一定的内应力，工作起来才能稳定，减少切割时的阻力。

錾砣 錾砣是小型的铡砣。一般选直径12厘米以下的圆铁片，在铁砧上拍平，中心冲方孔，放入磨玉机工具头的铤尖上（铤尖是用钢锉锉出的），用小锤敲打铤的尖部，将圆铁片铆死。然后边转轴，边敲铆点，使圆铁片成一直线运动，再挫圆边口，就制成了錾砣（图5-11）。

图5-11 錾砣。

錾砣主要功能也为切割，但因其小巧灵活，可多角度切割，并以錾的方法去除玉石设计形象中的多余部分，并可作贴、靠等磨削动作。

勾砣 勾砣是更小的錾砣，规格直径在2～10毫米之间，但砣口边部有各种变化，侧面看为厚、薄不一的长方形、梯形、倒梯形、圆边形、平顶透镜形、圆形透镜形等（图5-12）。

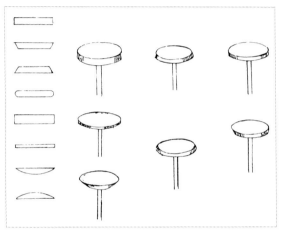

图5-12 勾砣式样图。主要用来勾花纹和各种线条，也可以用平顶和侧边磨削玉器，即顶和掖。

碗砣 为铁片制成的碗状砣具，铆焊在工具头上，用于旋出玉碗、玉香熏、玉炉等内膛。碗砣切取玉料能达到最大的部分，旋出的碗芯还可用来作器盖，与碗体或为一体，既艺术，又经济（图5-13）。

轧砣 轧砣种类很多，形状各异，是玉雕的主要工具，用于造型的不同部位。有"齐口"（砣口呈平直直角）

图5-13 碗砣。

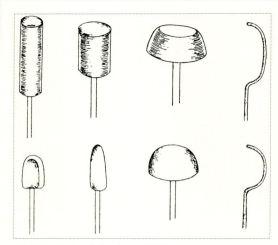

图5-14 轧砣、膛砣、弯砣式样图。

图5-15 冲砣治玉。

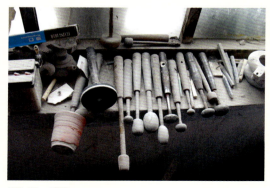

图5-16 膛砣。

和"快口"（砣边口小于90度）之分，也可从侧面形状区分为梯形、平头、圆顶、枣核等形状。轧砣工具旧时有专人制造，称为"小砣匠"。砣轮一般与铁铤焊死（图5-14）。

轧砣的主要用途是将錾砣加工后的痕迹磨平，使雕件凹凸圆滑，表面光洁，造型准确。

钉砣 依形定名，又称"喇叭口"或"钉子"，规格较多，从1寸小钉到6寸大钉都有，大小可依器物制作部位而自己锉制。其功能与勾砣相似，用于勾、掖、顶、撞，是雕琢玉器细部的主要工具。

冲砣 为圆环状的铁质工具，直径大小约15～20厘米之间，专门用于冲磨大的平面（图5-15）。

膛砣 为圆头、球形状的工具，也有特制的异形。专门冲磨大敞口器皿的内膛（图5-14、16）。

弯砣 又叫弯子，用粗铁丝制成，呈弓形，用于掏口小膛大的内膛，在掏玉容器内膛时，随着膛的扩大，要逐渐加大弯子的弧度（图5-14）。

磨砣 磨砣是用厚铁板制成的圆片，大小如铡砣，厚度在2～4毫米，直径大小在15～20厘米之间，使用平面为研磨面，有的上面车出弧槽，多用于首饰的琢磨。

擦条 将粗铁丝拍扁后即是

擦条，用于擦磨孔眼的不平处。

镂弓子　玉器镂雕部分常用镂弓子，它是一种铁丝锯，用竹板制成弓状，以铁丝做弓弦，通过人手拉弓弦，带动解玉砂，可去除玉器眼孔中的多余部分，或将孔眼扩大。大镂弓子可用于开料。

研磨铁盘　研磨铁盘似制陶瓷器的陶车，使用时水平转动，多用于磨平面和圆珠。

钻孔工具

钻孔在玉雕业中有三种含义：打眼、钻孔和套料取芯。主要有实心钻和空心管钻两种工具。

实心钻　又称桯钻，有细的钢针钻，也有稍粗一点的桯钻。装在钻杆一端，使用时加砂加水。新石器时代多为石质钻，商周以后出现金属钻，满城汉墓还发现有类似长桯钻的铜铤（图5-17）。

图5-17　满城汉墓出土的类似长桯钻的铜铤。

空心钻　又称管钻。钻的孔较小时，任何金属管均可，只要不太软即可，可用铜、铁、钢制成。所选用的金属管表面应光洁、管壁无凹陷，否则会影响管内玉芯的移动，一旦玉芯卡住，打孔就无法进行。钻的孔较大时，可选用薄铁皮围卷而成，铁皮要尺寸规整，根据需要围成大小不等的管具，但一定要在圆筒接口处留出2～3毫米的空隙，钻孔时解玉砂可通过这一孔隙进入孔内，利于砂浆均匀分布，提高效率（图5-18）。

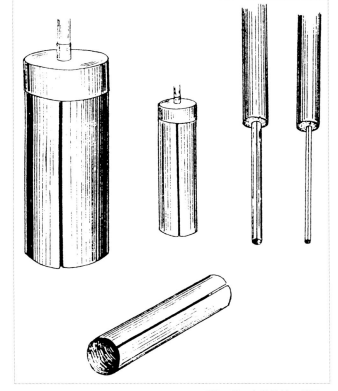

图5-18　各种管钻工具图。

抛光工具

一件玉器无论怎样精雕细琢，如果不进行抛光，玉件表面始终是粗糙的，如石头一般，显现不出玉器的莹润。只有经过抛光，才能尽显玉质之美。中国古代玉器的抛光工具多种多样，按照抛光方式的不同，主要有旋转磨擦式抛光和手工磨擦抛光两种，前者工具多为圆轮、圆盘、圆鼓、圆棒等形状，后者多为条形。抛光工具的质地分软、中、硬三种，如毡砣、皮砣为软质，胶砣、木砣为中硬质，而锡盘、紫铜盘为硬质。不同质地的抛光工具适应不同的玉器，各地使用的抛光工具一般也按地方习惯自制，主要凭师傅经验和实践摸索，找出最适合的抛光材料。

胶砣 又称胶碾，是一种使用方便，用途广泛的抛光工具。为用紫草绒、松香、漆片（又叫虫胶）掺合等量的金刚砂（或天然产出的刚玉粉）配制的特殊胶块制成。这种抛光轮是现代树脂砂轮的前身，质地强韧而表面又够软，不仅有优良的抛光性能，而且制作方法简便。胶碾的大小形状可根据需要来做，也可利用抛光胶遇热就软的特性，将其制成圆盘、棒状、球状等工具，以适应各种玉器的抛光。

胶碾有糙胶碾和细胶碾之分，可用于去糙和磨细，很细小的地方用小胶碾，但用时也要不停的加颗粒细小的碾磨砂和水，否则达不到抛光上亮的效果（图5-19）。

图5-19 胶砣。

木砣 是用木材加工成圆棒、圆盘、圆鼓或凹轮等形状的抛光工具。木砣本身没有抛光作用，但极细的磨料可以依附于木材的鬃眼中，随木砣的转动对玉雕产生抛光作用，因此鬃眼较大的木材都可以用来制作木砣。因为抛光时还要加水，木砣会因潮湿而弯曲变形，所以为降低木砣的吸水性，通常要先对木砣进行浸蜡处理。根据木材软硬的不同，木砣的抛光对象也不尽相同，硬质木砣用来抛硬度较高的玉石制品，软质木砣抛剥蚀性强的玉石制品。

皮砣 将兽皮（最好是牛皮）蒙在特制的金属砣或硬木砣上，如同鼓的一侧。或者将皮子缝制在一起，制成大小不同的抛光轮，四周要挫圆。这样就制成皮砣。皮砣有大有小，加之细腻的解玉砂粉，可抛光各种宝石和玉石，尤其对有剥蚀性的玉石抛光，效果尤佳。皮砣的抛光效果优于毡砣。

毡轮 有实心毡轮和蒙面毡轮两种。实心毡轮全是采用羊毛压制而成。蒙面毡轮是用厚羊毛毡用热水浸泡10多分钟后，将其钉压在馒头形状的木轮上。

毡轮易吸尘土，会影响抛光效果，故要保持清洁。使用时，转速也不能太高，否则解玉砂会因离心力飞散。一个毡轮也不宜更换不同颗粒、不同颜色的解玉砂。

布砣 是传统的抛光工具，为用多层棉布缝制而成的抛光轮，较柔软，要在高速旋转中才能发挥作用。布砣主要抛光质地松软的玉器。

刷砣 用粗的鬃毛制成的圆形刷子轮，用于打磨玉器细微之处，去糙、刷亮。

葫芦砣 葫芦软里有硬，硬而不脆，勒劲很大，用老葫芦干后的硬壳制成砣子，加上抛光砂浆，对过胶取出后的翡翠、玛瑙等硬度较大的玉料进行精抛光效果很好，也可以对珊瑚等软料直接抛光。

石砣 用细水磨石制成，主要用于去糙抛光。

皮条 为较厚的马皮条制成，蘸上解玉砂后可用于无法使用轮磨工具的部位。

布带子（布条）、细线、柳木棍等 这些都是抛光的工具，主要用于器物中砣子不容易抛到的地方，视玉工习惯而用。

辅料和辅助工具

辅　料

　　指除玉石材料之外必须使用的治玉辅助材料，如磨料、紫胶、蜂蜡、松香、墨汁、油、碱、漆皮等，而磨料在治玉过程中的意义尤为重要。

　　磨料　磨料指硬度很高，能对各种玉石材料起磨削作用的粉粒状材料，颗粒有大有小，分为天然磨料和人工合成磨料两种。中国古代所用的磨料都是天然产的硬质矿石砂，又叫解玉砂，如石英砂、石榴子石砂、刚玉砂等等。

　　解玉砂在商周以前以就地取材为主，没有特产。经过多年磨玉的经验，各地解玉砂之质量好坏逐渐昭显，渐成为玉工专用之砂。

　　宋代文献中最早出现了解玉砂一词。古代解玉砂主要出于河北邢州（现邢台）、玉田县和山西忻州。清代李澄渊的《玉作图》中也有明确的说明，其第一幅《捣砂图》和第二幅《研浆图》均有叙述（图5-20、21）。

　　以上两图合绘于一开，主要讲琢玉的先期准备，即各种解玉砂的筛选。其中不仅讲到解玉砂的产地，也有性能和用途，分黑石砂、红石砂、黄石砂和宝料。它们必须捣碎碾磨，筛选分细，使之颗粒均

图5-20　李澄渊《玉作图》中《捣砂图》与《研浆图》。

图5-21　《玉作图》中描述的不同性能砂料。

匀，在以后不同的工序中选用不同的砂浆。

古人所用的各类解玉砂，从地质学角度讲，主要是各种天然的矿石砂。治玉时，不同情况下使用的解玉砂质地、名称、产地和品种也不太一样。如剖石采玉时用"黄砂"，即石英砂。切玉成形时用红砂，即石榴子石砂。旋盘琢玉时用黑砂，为金刚砂。抛光上亮用"珍珠砂"，即产自云南、西藏的红宝石制成的"红宝石粉"，用油调配后对玉器抛光，可使其光滑润泽。另外，也有用制作玛瑙、玉器时留下的碎料或玉粉制成解玉砂和细腻的抛光粉。

这些"砂子"虽说是辅料，其实在琢磨玉器中起的是主要作用，它们硬度都比玉料高，古人利用简单的工具配以解玉砂就可以治玉了。20世纪50年代前，我国玉雕行业还一直使用天然的解玉砂，现在已不再使用，取而代之的是人工合成的磨料。

天然产出的各种砂矿，大小不一，质地也不纯。使用时，必须经过分选。传统的分选工具就是大铁锅、水、各种不同网目的筛子。一级级分选就可得到各种粒度、适用于各种用途的砂子。

一般闪石类玉料的摩氏硬度在6～6.5之间。但从韧性来讲，闪石类玉器的韧性很好，在自然界中仅次于黑金刚石，解玉砂虽然硬度高，但韧性不高，脆性大，对玉器进行研磨尤为合适。

紫胶 紫胶是用六、七成紫草绒，三、四成松香和少量虫胶漆片加热融合而成的胶，黏性很大，使用方便，用火烤化，就可粘接工具头，也可以用紫胶制作抛光工具头。

蜂蜡 蜂蜡为蜂巢中取出的蜡。用于玉器的过蜡、喝蜡，以保护、增加玉器的亮度。

物质摩氏硬度表

名称	滑石	石膏	方解石	萤石	磷灰石	正长石	石英	黄玉	刚玉	金刚石
硬度	1	2	3	4	5	6	7	8	9	10

辅助工具

琢玉中作为辅助使用的工具，有用于分选解玉砂的大铁锅、各种不同网目的筛子（俗称"罗"）；有用于工具修理的尖锉、锤、钳之类；有用于拿放产品的夹具和垫、衬、箱之类；有用于设计的笔、砚之类。这些辅助工具因工种和产品的生产需要而使用，种类很多，有一些是通用工具，有一些是专用工具。

古代玉雕工艺流程

中国的古代文献材料虽然蔚然大观，但对玉雕工艺的介绍一直是难觅踪迹，除了有限的几句"它山之石，可以攻玉"、"玉不琢，不成器"等等以外，文献记载少之又少。直至明代《天工开物·珠玉篇》中才一见端倪，但也仅有一句，并未将整个玉雕流程介绍出来。

目前所见介绍古代玉雕工艺流程最为详细的是清末李澄渊所作的《玉作图》，此为李澄渊于1891年（光绪十七年）应英国医生毕索普要求而作。他"历观玉作琢磨各式绘以成图"（《玉作图·序》），每图旁边都附有文字说明，不仅画了工匠治玉操作的场景，而且还将重要工具一一注明，可以说是玉器制作的连环画，也是一部纪实的工艺图画。它以图文并茂的形式将玉雕工艺分为：一、捣砂，二、研浆，三、开玉，四、扎碢（砣），五、冲碢（砣），六、磨碢（砣），七、掏堂，八、上花，九、打钻，十、透花，十一、打眼，十二、木碢（砣），十三、皮碢（砣）等13个工序。前两工序前面已介绍，在书中合为一开，三至十三等11个工序各为一开，共12开。图说也非常详细。

另外，1976年，中国社会科学院考古研究所和北京市玉雕厂在夏鼐先生的倡导下，为抢救古代治玉工艺，合拍了一部《琢玉工艺》的纪录片，片中请玉雕厂的老工艺师们对改革电动工具前的治玉工艺进行了实例操作。因玉雕技艺一直以来都是师徒相传，口耳相授，所以这部纪录片基本将秘不示人的老玉雕工艺反映了出来。这也是中国传统玉雕工艺的一个缩影，具有较强的参考价值。

一件器物主要是通过切割、研磨和抛光工艺来完成的。切割和研磨又称为琢和磨。琢有铡、摽、扣、划、錾等技术，磨有冲轧、叠挖、掖撞、勾撤等技术。抛光有去糙、上亮、清洗、过蜡、擦拭等工艺流程，抛光需要高难度的技巧，不仅要把玉器抛亮，还要达到平整、滋润、不走形的效果。以下笔者结合《玉作图》，参考《琢玉工艺》，并融入笔者的考察研究成果，尽可能描述中国古代玉雕工艺流程。

选　料

选料是按产品要求选用玉器原材料的过程。选料有两个标准，一是选用标准，即能否被选作玉器材料，主要看玉料的质地、颜色、光泽、透明度、硬度。二是质量级别，主要看颜色、透明度，大小及内部绺裂的多少等等。选料的目的是为了对原材料进行鉴别，给以适当的评价和确定使用范围。古代一般帝王用玉在选料上较为严格，大多上好的玉料会集中在皇家，如故宫博物院所藏的清代帝王用玉的整体水平远远优于地方及民间用玉，地方及民间所用玉料许多是皇家选料以后剩余的低等级玉料，故宫至今还保留有一批清宫遗留的玉料。另外，国家经济状况较好时朝代用玉选料也较为优良。

审　料

古人将未曾剖琢的玉料称为"璞"，审料也是"相玉"、"相璞"的过程，是对玉石原料进行审查的全过程，又称问料。所有玉工在开料前都要经过这一重要过程。审料有剥料、挖脏、问绺、追色等内容，通过这些以了解料的质地、颜色、透明度等，决定用料方案，看看此块玉料适合做什么。初步方案确定后，要进行剥料、挖脏、问绺、追色等步骤，直至对料的情况考察清楚。愈是珍贵的玉料，审料愈严格，目的即为将玉料之美放至最大。同时，审料的过程也是一个设计的过程，做成什么样的玉器在此基本已经了然于胸。

设　计

对玉料有了一定的认识后，就要进行具体的设计。根据玉料的形状、质地和颜色进行构思。玉料的珍贵性决定了玉器设计与其他工艺设计最大的不同就是用材，即所谓"量料取材"、"因材施艺"。造型要服从材料，尽量做到"物尽其材"，将材质美最大限度的表现出来。同时还要尽量把材料质色最美的地方，用于最显眼之处，能体现美的造型，使造型美和材质美充分的结合起来。另外，造型设计时也要尽量避开材质的"脏、绺"，一般的原则是"挖脏去绺"。此外还要进行量料施工，即根据原材料的价值，施以恰当的工艺。这一点在汉代葬玉中最有体现，汉代的葬玉一般与生前用玉所用玉料不同，大多为较差的青玉，因此工艺相对较为简单，许多仅仅打出草稿轮廓就不再施艺。

对玉料进行分析设计后，就可以"画活"了。"画活"就是在玉料上勾画出形象的具体位置和结构，包括粗绘和细绘。

粗绘是设计者在玉料上初步绘制出构图的线条，确定玉石原料留用和剔除的部分，工匠据此先进行大轮廓的制作。一般都要先在勾好的墨线上烫蜡，从而保证治玉时墨线不被水冲刷掉（图5-22）。

大形轮廓下来以后，就可以进入设计的第二阶段——细绘，细绘是在玉料上精细地绘制出细部纹饰，以免制作时有所遗漏。一件玉器的制作中，可能会因具体需要进行局部调整，所以细绘也有可能因地制宜。

总之，玉器雕琢不像书画、陶瓷那样，因直接作用于珍贵的玉石，这种直接性和被加工后的不可复原性，使得玉雕的设计尤为重要，必须做到"意在笔先"、"成竹在胸"。

审料、设计以后，可能还要对原材料进行一些处理，或按质量进行分档，或按大小块进行分类，或对某些玉料进行染色和烧熟处理，如玛瑙。然后就进入了具体的玉器加工过程。

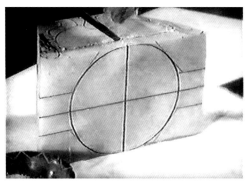

图5-22 粗绘和烫蜡。

琢磨玉器

开料 这是玉器切割的第一步。有时一件大的玉料在审料过程中也要先进行开料，即前面提到的剥料。《玉作图》从第三幅图《开玉图》开始就是玉器具体的制作过程（图5-23）。

开玉所用工具主要为钢锯条和黑石砂，巨大玉料可用图中所绘之法切割，两人一边拉钢条切割，一边加解玉砂砂浆。此种锯切割并非是一般意义上的带锯齿之锯，而是钢条。

开料也可将几股铁丝拧在一起，绷在竹弓上做成弓子锯，两人来回拉丝弓，一人向锯口里加解玉砂和水。大料开要一个星期，拉得很深后劈开就行。这种开玉方法也可称为"线锯切割"（图5-24）。

另外，较小的玉料可用扎碢（又称铡砣）直接抛开，如果是二三十斤以上的较大玉料，可以用秤吊起来，用较大的扎碢开料。

如果审料的过程中需要开料，一般都从断裂纹处锯开，划上墨线，顺着切开。

切块定位 开料后要沿着具体的设计图稿进行琢玉，先进行切块定位，俗称"刺活儿"，是用碢片将玉料上多余的部分切下去，使玉料表现

图5-23 开玉图。

图5-24 拉丝弓开玉。

图5-25 扎碢图。

图5-26 冲碢图。

出相应的块面（图5-25）。

此步以钢铁做铡碢，使用时，玉工两脚轮流踩动登板，以绳带动木轴旋转，钢砣亦随之旋转。玉工一手托拿玉料，抵住旋转的砣具刃边，一手不停地向砣口加掺水的砂子。铡碢外架上的木板圈，则能挡住飞溅的水，以免弄脏身体。如玉料过大，手拿太重，则用吊秤吊起。从此步骤开始就可一人操作。

碾磨 碾磨主要用冲碢，冲碢为铁环状的工具，可将器物边角及表面磨平、磨圆（图5-15、26）。冲碢以后，再用磨碢、木碢、胶碢、皮碢进行磨细、抛光。经过这个步骤，要雕琢的作品就大体成形了。

玉器冲轧完以后就要用磨碢进行研磨（图5-27）。

磨碢大小如铡碢，但为厚钢板制成，不似铡碢有薄的刃边，即可用它的砣口研磨，也可用厚侧面研磨，主要是将玉器表面的小坳砂痕磨细。此步骤所用的解玉砂较为细腻。磨光后的玉器，就可以进行上花、打眼、掏膛等后续工艺了。

掏膛 掏膛在《玉作图》中分为多个工序，如为器皿类的器物，则此步骤至关重要。先以空心钢筒管套在铁轴上，双脚踩动登板，使管转动。也可不用铁轴，用钻杆式工具进行掏膛。近器物底部时，用小锤轻击使中间玉梃冲断，从而取出钻芯。如果要掏的是椭圆形的膛子，则用双管钻，在钻芯上加一个衬垫，使细腻的膛口不被冲断（图5-28）。

此时掏出的基本是一个直上直下的膛子，如果要掏肚大口小的内膛，则要使用各种串锥和弯子。膛子越磨越大，工具也越换越大，扁形膛口用扁形串，小口大肚的膛子用弯子才行。所有这些都要和解玉砂一起使用。

如果要制作薄胎烟壶，则要用小薄铁片做护口。薄胎烟壶，轻如浮萍薄如纸，人们称其"水上漂"，掏膛时要极为小心（图5-29）。

上花 玉器做好素胎后就该上花纹了，这是细绘的一部分，所用有钉砣、錾砣、勾砣等。勾砣是勾线、勾面纹时所用，也可用作顶掖。上花前先要以墨线划出花纹，然后烫蜡，使墨线不掉，随后用小砣子在墨线上开槽，勾出花纹。勾画头发或勾彻鸟的羽毛又叫"拉面子"。然后根据图案需要，用压砣勾出斜坡，或用顶撞法把底子磨出，使图案线条凸成阳文，从而做出精美的花纹（图5-30、31）。

打钻 对于需要镂空钻孔的玉器，打钻是一道重要的工序。一般是用弯弓锯带动金刚钻或者普通的桯钻钻透花眼。一些镂雕玲珑山子、叠压花玉图画类玉器多用大小管钻、桯钻在山石之间、花叶之间打钻，穿枝过梗，同时也磨掉了余料（图5-32）。

透花 这节其实说的是镂孔。需要镂雕的玉器，一般先用管子工

图5-27 磨碢图。

图5-28 掏膛图。

图5-29 用弯子掏鼻烟壶内膛。

图5-30 上花图。

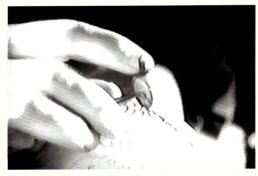

图5-31　根据所画墨线使用錾铊上花。

图5-32　打钻图。

图5-33　透花图。

图5-34　打眼图。

具透眼穿孔，再用弯弓锯（即搜弓子）加细细的解玉砂顺着花纹镂空成形。也有用扁铁丝来镂空的，能起到连镂带擦的功能。有时还可以用铁质擦条把透眼中不够整齐的地方擦平。使用时可以用或横或竖的桌拿来稳住玉器（图5-33）。

打眼　这是对鼻烟壶、扳指、烟袋嘴之类的小件玉器需要打眼时的一种技巧描述。和"打钻"相比，它主要用于不方便用手拿着打孔的玉器。将器物放入大竹筒中，内放水和稳住玉器的数块有孔板，再用绷弓带动金刚钻头打孔（图5-34）。

抛光工艺

抛光就是将玉件表面的擦痕降低到肉眼看不见的程度，使光照射在其表面有尽可能多的规律性反射，玉器因此产生温润光洁的效应。抛光的神奇效果令人费解，有人认为抛光时由于局部温度高，局部的抛光热在被抛光表面微米级的范围内产生热塑变形和流动，有可能出现热软化以致熔融，从而产生一种非结晶面层，该层就像一层清漆涂在玉器表面上一样，使表面变得光滑，这种流动层非常薄，故抛光是因为一种瞬时熔化及超微表面突发性流动所造成的。这只是现代科学对抛光的一种解释。古人对抛光的认识是在不断的积累经验与摸索中得来的，故而对不同质地的器物古人采用不同的工具和不同的抛光方式。

抛光可分为磨细和罩亮。

磨细 又叫"去糙"，其实是抛光前的准备工作。玉器表面的打磨程度直接影响了抛光的效果，如果玉器表面已打磨得非常精细和平滑，没有明显的坑点，则抛光就易如反掌，否则抛光将十分困难，甚至可能还要重新打磨，因为抛光时的磨削力度是很低的。

细磨主要用胶碾之类的工具将玉雕半成品的表面做得更细腻，也可以用石、木、竹等工具，但一定要加很细的解玉砂。磨细只能去除表面的不平整，不能伤害器物的造型和纹饰，尤其造型和纹饰细部，不能因磨细而变得模糊。

罩亮 罩亮使磨细以后的玉器表面更为光亮照人，是抛光程序中的一个重要部分。现代用特制的抛光粉进行抛光，古代则是使用各种材质的工具加上极细腻的解玉砂进行。

《玉作图》中对抛光工艺的介绍主要有《木碢图》和《皮碢图》。

对做好的玉器进行抛光，可用木质碢，即把木材车镟成盘状、轮状、鼓轮状的抛光工具。但小件玉器及有细腻花纹的玉器不能用木碢抛光。可用干葫芦制成碢具与极细腻的解玉砂浆一起对玉器进行抛光上亮（图5-35）。

图5-35 木碢图。

上皮碢是抛光的最后一个工序，上完皮碢后玉器光亮温润，玉质之美尽显，至此一件玉器的制作大功告成（图5-36）。

另外，对于镂孔处无法使用轮磨工具部位的抛光，可用较厚的马皮条或者白布带子（布条），穿入玉器孔眼中，两端固定，人手拿玉器，蘸着解玉砂浆来回拉动，又叫"拉带子"，从而对器物中碢子不容易抛到的地方，去糙勒亮。小

图5-36 皮碢图。

图5-37　拉带子抛光。

件产品一人拉就行。连带子也进不去的地方可用细线去糙上亮，又叫"拉细线"。此外南方也有就地取材，用竹根做抛光轮的。柳木棍也可做精抛光的工具，抛光玉器的孔眼处（图5-37）。

玉器的保养与保护

玉器本身的制作至此已结束，但抛光完成后为保护起见，还有一些后续工作要做，如清洗、过蜡、喝油、擦拭、装潢等。

清洗　玉器抛光以后，要把上面的污垢清洗掉，使用的方法有水洗、冷洗、热洗等，依材质和玉器造型以及玉器上的污垢特点而定。

过蜡、喝油、擦拭　这是玉器抛光后的重要工序，是进一步上亮保亮的方法，其作用是弥补表面微观不平的现象，也可起到一定遮绽作用。蜡和油都是油脂类物，浮在产品表面可产生油亮的感觉，显得滋润，也可填平微小低凹不平处和细微裂隙，增加了产品表面光的反射强度。所以，过蜡、喝油的玉器比没有过蜡、喝油的玉器光洁，亮度也高。

玉器经过过蜡、喝油以后，还要在热的时候擦拭和冷后剔蜡，使油脂分布均匀和凝蜡不显著。擦拭用棉质巾类，以柔软吸油为好，剔蜡用竹、木签子。蜡和油还有保护玉器表面不被脏物污染的作用。

装潢　装潢的目的，是为玉件配一个座和匣，使之更美观更安全。清代宫廷玉器一般都有座和匣两种主要装潢，有的还有成套的包装，如座上有玻璃罩，在玉器上结上丝绦、垂丝穗、镶金银等。

座是玉器的主要装潢，玉器整体造型艺术，台座必不可少，它提高玉器的身价，使玉器放置平稳。这是主体与附体的关系，一个高明的玉器设计师，是应该将主体器物下面的台座也设计出来的，只有这样，通过整体造型艺术所生发出来的气韵，才能提升艺术品的品位和价值。清宫旧藏的玉器，有许多都有原配台座，而且风格与玉器主题十分一致（图5-38）。

玉器的座有玉、木、石、铜、铜镀金等，依玉器产品造型而设计，形状多为随形、方形、长方形、圆形、椭圆形等。

座的造型雕刻以玉器造型为依据，器皿玉器多用素几座，花鸟玉器多用天然山木座，插屏多用支架座。木座以硬木制成，雕刻好后磨光抛亮，十分美观雅致。中国玉器一直有使用木质座的习惯，清宫旧藏玉器许多以木质为座。

金属座、石座不如木座使用广泛，一般应用于极大、极重的玉器。

现在北海团城摆放的"渎山大玉海"和故宫乐寿堂摆放的"大禹治水图山子"，其台座据清宫造办处档案记载是当时乾隆时配置的。前者是房山产的浅灰色汉白玉，后者是青铜错金台座。它们不仅以大、奇、重而引人注目，更主要的是它们增强了玉器作品的艺术感染力，其色彩、物质材料、体量和造型装饰，都经过了创作者深思熟虑的思考，无疑是中国玉器历史中台座的典范。

匣是为放置玉器而制作的，有纸、布、锦、木、金属匣等，匣内有软囊，用棉填入，糊有绸布里。绸布里的颜色选择依产品的颜色而定，以能托显玉器的颜色并与之协调为好。

图5-38　山子纹玉香熏，清代，故宫博物院藏。香熏圆筒由镂雕的"山"字形相互交错套连，缝隙可散香气。配有紫檀圆木座与紫檀木盖。

图5-39　清宫中加配丝穗及刻字泥金木盒的玉圭，清代，故宫博物院藏。

产品放入软囊中，不紧不晃，和四周距离不大不小，匣的外表以纸、布、锦裱褙分档次，纸匣是低档，布匣是中档，多用蓝布，称蓝布匣，锦匣是高档。还有硬木匣、花丝匣、漆木匣、珐琅匣、塑料匣、纸盒等，因玉器的不同造型和品种而定（图5-39）。故宫旧藏的器物囊匣十分丰富，曾专门举办过包装文物展，其中，一个个器物的包装本身，就是很有价值的文物艺术品。

古代玉雕工艺术语

铡、摽、扣、划：这是玉器行中对用铡砣切割玉料方法的通俗说法。铡即直线切开；摽指切棱挂角，即一砣子切下；扣指两个角度切，挖出一块三角余料，需用两砣子切下，连接处可敲下来；划指密线切割，去除一定深度的余料。这四种方法用于造型较大制品的出坯工艺。

錾：指用錾砣去除大造型玉料中的余料。它与铡砣的铡、摽、扣、划没有区别。因錾砣直径在12厘米以下，使用起来更灵活方便。对那些用铡砣铡、摽、扣、划完不成的部位，则由錾砣来完成。

冲轧：在玉器出坯，铡切錾以后，会留下茬痕，为使玉器坯平整，需要冲砣、轧砣把茬痕磨去，此工艺为冲，是玉器大面积的研磨。冲为冲砣大工具操作时的术语，轧是轧砣小工具使用时的术语。

镟：玉碗、玉盘的粗坯有的用车镟法制胎，这就是镟。

勾撤：用勾砣勾出纹饰轮廓，再用轧砣、钉砣撤出地纹，总称勾撤。浅浮雕纹饰多用勾撤法。

双勾： 是一种平行线纹的制作工艺，即用勾砣勾出纹饰平行的双线，使纹线呈现阳文的效果。商代玉器上很多纹饰是用双勾工艺制作出来的。

顶撞： 主要利用勾砣的圆盘平面作磨削加工，顶磨和撞磨。常用于浮雕纹饰的去地。要使地纹平整，只能用顶撞的方法处理，也称为撞地。

叠挖： 纹饰中花叶、云水、衣边的起伏制作称叠挖。即用工具把纹饰做出翻转折叠的效果。多用轧砣、枣核砣、梯砣、球形砣等完成。

掖： 使用勾砣的圆盘边沿作磨削，从而使雕刻形象的结构出现深浅不同的变化。

打眼： 钻一个直径小于2毫米的孔。

锼、擦眼： 用锼弓子顺眼孔墨线锼眼，再用擦条把锼的眼摩擦平整的整套工艺。常用于镂雕纹饰的制作。

钻孔： 钻一个2～6毫米左右的孔，也有大口径钻孔，分管钻与桯钻两种。

烫蜡： 在勾好的墨线上烫一层蜡或松香。

绺裂： 一般将玉器质地中的微小裂纹称绺，过深、过长的裂纹称裂。玉器中的绺裂是影响玉石质地的一个重要因素。对绺裂的处理方法称为"躲绺"或"遮绺"。

浮雕： 是一种近似绘画的，被压缩在平面上的雕塑形式。也可称为有凹凸起伏的平面艺术，有时也称凸雕。它不能像圆雕似的360度观赏，而只能在180度内有效观赏。

按起伏高低分，浮雕可分为深浮雕和浅浮雕。按处理方法分，浮雕可分为减地浮雕和剔地浮雕。减地浮雕以削减地子为主要手法，所雕刻的形象不超出器物的表平面。剔地浮雕是以削减为主，但纹饰完全凸出于器物表面。

圆雕： 是一种立体雕琢，从而可对器物进行四面环视。玉器的立体圆雕更富于艺术的特殊性，是玉器材质美和加工艺术相辅相成的艺术统一体。

镂雕：又叫镂空、透雕。一般按造型决定镂空的安排，有圆雕器的镂雕，也有浮雕器的镂雕。

俏色：又称"俏色巧作"、"巧色"。一般根据一块玉料上的不同颜色进行设计，有时也留皮进行设计，使最后成形的玉器达到色彩搭配极巧的效果。玉料不做成产品，几种不同的玉色就很难说是俏与不俏。目前所见较早的俏色作品为商代殷墟出土的玉鳖。

活链：做链子是要在玉器上精心设计和安排的。制作能活动的链条，从原料出坯时就要留出链条的位置。主要有抽条、起股、分瓣、活环四个工艺。如果有盖，将盖料先切下来，叫断头。然后在链子的平料上，用铡砣或錾砣将链子的宽度、厚度、长度切出来，叫抽条，可随料形、料的质量弯转折回。起股是按链条中环的宽度将长方条作成十字形，即链子的立股和卧股起出来。然后可以压股，即用压砣把立卧股磨平整。随后用分瓣法把链子瓣分割出来，分出的瓣还是相互套接的。后在每个链瓣上接连打钻去眼，去掉余料。环内每钻一个眼都插入一个竹签叫筑墙。筑墙后再钻下一个眼不会使钻头走偏，这样定位后，再经过锼底，把立股从瓶身上切开就能活动了，这就是活链（图5-40、41、42）。

活链是玉器制作中较难的工艺之一。活链工艺目前最早能追溯到商代，江西大洋州商墓中出现了带活环链的玉羽人，直至现代，活链工艺越来越精巧。

活环：制作能活动的环，包括设计环位、取轮廓、打孔锼环、把环做活动、琢磨规矩等几道重要工序。

套料：又称"套料取材"，行里俗话称做"掏活"。是在玉石料上钻一个较大且深的孔，取出一个环状或圆柱体的料芯，有时这些料芯还可制作它物。这原是玉器器皿制作的一种传统技艺，一般用于做炉、熏、鼎等规矩的圆形器物。

操作时，由正身膛体里掏盖，盖里可出底盘或者顶蒂。如果用较大材料做盘、碗、圆盒等器时，则一层一层镟掏而成，可掏为一套几个套盘、套碗、套杯等，一个比一个小（图5-43）。

套料取材，最适用于大块的优质玉料，它能在最大限度内将料用尽，使作品做得高、大、完、美。例如从玉熏膛中套取膛芯料，用来制作熏炉盖；又从熏炉盖的内膛中套取芯料，用来制作熏座；还可以从熏座底部套取余料，用来制作熏的顶纽。这样不仅能使一块体积不大的玉料做出很大体积的玉件，而且玉料的材质、颜色也可求得统一。而有时套料取材后的剩余玉料还可制作它物，著名的清宫旧藏"桐荫仕女图玉山"就是利用一块套取过玉碗的余料制成的。

铡头：玉器生产中活料较多，尤其是做大件产品留下的余料、碎料，行话叫铡头。

磨圆珠、圆球：中国古代老式磨圆珠、圆球的方法是用管子工具一个一个磨圆的，主要经过"选料—切片—切条—切方—倒角—粗磨圆—细磨圆—砂磨—抛光—打孔"10个步骤。现在则有专门磨圆珠的电动机械。

金镶玉：一种玉器镶金的工艺。一般以玉为形，阴刻种种图案、字迹。然后再用金丝嵌入其间。使金玉交相辉映，金碧辉煌。清代

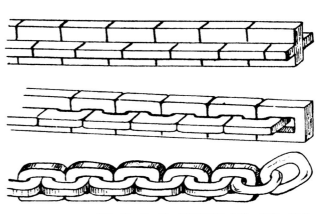

图5-40、41、42　活链工艺之分瓣、掏链、活环。

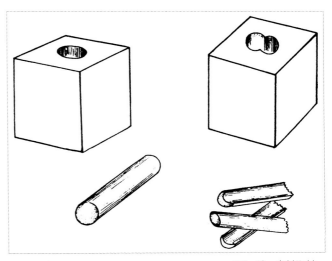

图5-43　套料取材。

"痕都斯坦"玉器上的金镶玉，则是将一种扁平金丝连嵌带粘嵌入事先琢刻好的沟槽内，金丝高于沟平面。金镶玉形制多样，也有以金包镶玉器者。

填金：即在玉器上事先刻好线的沟槽中压入金丝或者填入金粉。有的玉器线上的沟比金丝大，扁平的金丝是用一种粘胶粘入沟内的，有金丝（或金粉）低于沟面，也有填入的金丝（或金粉）高于线槽的。

嵌金银丝：也可称为"压金银丝工艺"，先用小砣子在玉器上引出虚线，开槽勾花，开嵌丝花的槽要做到外口小、里槽大，剪下金丝、银丝，轻轻敲进去。然后将表面磨平。嵌金银丝工艺使玉器更为富丽堂皇。这种工艺为现代艺人潘秉衡创作，其沟略窄于金丝宽度，用锤将金丝敲挤压入沟内，金（或金属）丝与玉器表面持平。古代玉器中的金镶玉和填金工艺均有年久掉丝之弊，而这种工艺比之更为牢固美观。

嵌宝石：将宝石或各类彩石镶嵌在玉器上，有时以金属为镶托，称为嵌宝石，明代定陵就出土了许多嵌宝石的玉器。

镶金银丝嵌宝石：将金银丝和宝石嵌入玉器的特定部位，组成富丽堂皇的纹样。

玉雕拼嵌：主要用于制作屏风、插屏、挂屏之类的玉雕作品。过程为：选料—镂刻局部外形轮廓—出坯—抛光—拼嵌。

玉片包镶：在木雕胎形或金属胎形等不同胎形上包嵌玉器的工艺。

百宝嵌：又称钿嵌或雕填工艺。以金、银、宝石、翡翠、玛瑙、玉石、青金、松石、珊瑚、蜜蜡、象牙、犀角、玳瑁、沉香、螺钿、车璩、叶蜡石等材料，制成山水、人物、楼台、花卉、鸟兽等各种形象，将其镶嵌在紫檀、黄梨、漆器之上，使之构成完整图案。作品大者如屏风，小者如笔筒、砚盒之属，因色彩富丽，精美绝妙，故谓之"百宝嵌"。清代宫廷生产了大量的百宝

图5-44　紫檀百宝嵌玉堂富贵图挂屏，清代，故宫博物院藏。

嵌挂屏（图5-44）。

　　历史上制作百宝嵌著名的人物有明嘉靖年间扬州著名匠师周治，他创制了"扬州多宝嵌"，明代称为"周治镶嵌法"。

　　百宝嵌的制作过程，分为选料、开片、描稿、磨光、雕锦、镶嵌、成型等九个工序，因用料繁多，加工复杂，要求各工艺技巧相互配合，是一种综合性的工艺品。

　　微雕：明代又称"鬼工技"，是一种在显微镜下施刀，在玉器表面微刻诗词、绘画的一种技艺。明清苏州专诸巷的玉雕艺人中有人擅长此技。据记载，康熙宫廷艺人尤通曾在一颗比桂圆还小的玉珠上，刻苏东坡的"前赤壁赋"全文530字。20世纪初，上海微雕艺术家薛佛影能在水晶制品表面微雕，但玉雕行少有人习此艺。

　　"两明造"镂雕：是清代中期出现的一种镂雕技艺。所谓"两明造"是在一块玉的正反两面上雕刻出两层各不相同的纹样，两层之间是透开的，仅和四边相连。由于纹样图案为镂空，又正反相错，相互掩映，有巧妙奇特的风格。

　　薄胎：是将玉器器壁做薄的一种工艺，使玉器呈现出"莹薄如纸"的艺术效果。清代许多伊斯兰玉器和清宫仿伊斯兰玉器就体现了这样一种

图5-45 叶仲三款玻璃内画鱼藻图鼻烟壶，清代，故宫博物院藏。

工艺风格。

内画：就是在小口透明的玉雕器皿内壁上，用特制的弯笔绘出各种工笔装饰画。清代出现，主要用于水晶及玻璃鼻烟壶的制作。"内画壶"并不限于水晶装饰，而成为一种独立的装饰技艺（图5-45）。

玉雕盆景、盆花：这是清代宫廷十分流行的一种立体盆景工艺。故宫目前藏有许多这样的作品。将各种宝玉石材分别进行雕琢，再按设计拼镶组织在一起，成为一个个立体盆景。

制作盆花可将各种玉料的碎料，先用雕刻的方法分别制成花瓣、花叶的单个部件，然后经过打孔、抛光组装成形。其工艺制作过程为：选料—制坯（做单片叶子和花瓣）—打孔（每片只打一个孔）—抛光—拴线组花—塑树本—整花形。如在花树干上再贴金箔，则可构成"金本盆景"、"全金果树"，这种工艺是以拼攒为主要造型手段的（图5-46、47）。

山子雕：又称"玉山子"，是以玉石的自然之形设计画面并进行雕琢，从而制成山水人物景观的玉器，这种造型一般以山石为主，所以称为玉山子。玉山子一般在设计中依料的形状、颜色、绺裂而定，在设计中去除瑕疵，掩其绺裂，顺其色泽，使料质、颜色、造型浑然一体。然后按"丈山尺树、寸马分人"的原则，在玉石料上或浮雕，或深雕；施工或粗，或细；题材或山水，或人物。山子作品亭台楼阁、草屋石洞、鹤鹿动物、翎毛花卉，远观近景，交替变化，似一幅散点透视的山水画。玉山子可以充分表达做工的匠心独运，以取得材料、立意、工巧三方面的统一。

"山子雕"是扬州玉雕的传统技艺，明代

图5-46　青玉洗式盆水仙盆景，清代，故宫博物院藏。

图5-47　孔雀石嵌珠宝蓬莱仙境盆景，清代，故宫博物院藏。

扬州的玉山子已见于史料和实物，清代玉山子作品更为丰富，成就也最高，如著名的"大禹治水图"、"会昌九老图"、"秋山行旅图"、"丹台春晓图"等。

参考文献：

- 《东方文明之光——良渚文化玉器》，良渚文化博物馆、香港中文大学文物馆，1998年。

- 《南越王墓玉器》，广州西汉南越王墓博物馆、香港中文大学文物馆、求知雅集、两木出版社，1991年。

- 《清高宗（乾隆）御制诗文全集》，中国人民大学出版社，1993年。

- Bushell, S.W; Kunz G. F. and others. Investigations and Studies in Jade: The Heber R. Bishop Collection. New York, Privately Printed 1906. 故宫博物院藏。

- Len Gale:Greenstone Carving—A skillbase of techniques and concepts, First published 1997, Printed in New Zealand.

- 安徽省文物考古研究所：《潜山薛家岗》，文物出版社，2004年。

- 安徽省文物考古研究所：《凌家滩玉器》，文物出版社，2000年。

- 安徽省文物考古研究所：《凌家滩——田野考古发掘报告之一》，文物出版社，2006年。

- 北京市玉器厂技术研究组：《对商代琢玉工艺的一些初步看法》，《考古》1976年4期。

- 陈淳、张祖方：《磨盘墩石钻研究》，《东南文化》1986年2期。

- 陈重远：《文物话春秋》，北京出版社，1996年。

- 成都市文物考古研究所、北京大学考古文博院：《金沙淘珍——成都市金沙村遗址出土文物》，文物出版社，2002年。

- 成都文物考古研究所：《金沙玉器》，科学出版社，2006年。

- 邓淑萍、沈建东：《中国史前玉雕工艺解析》，杨伯达主编《中国玉文化玉学论丛·四编》，紫禁城出版社，2006年。

- 邓淑萍主编：《国色天香——伊斯兰玉器》，台北故宫博物院，2007年。

- 傅忠谟：《古玉精英》，台湾中华书局股份有限公司，1989年。

- 高星、沈辰主编：《石器微痕分析的考古学实验研究》，科学出版社，2008年。

- 古方主编：《中国出土玉器全集》，科学出版社，2005年。

- 古方主编：《中国古玉器图典》，文物出版社，2007年。

- 广州市文物管理委员会、中国社会科学院考古研究所、广东省博物馆：《西汉南越王墓》，文物出版社，1991年。

- 邯郸市文物研究所：《邯郸古代雕塑精粹》，文物出版社，2007年。

- 湖北省文物考古研究所、钟祥市博物馆：《梁庄王墓》，文物出版社，2007年。

- 湖北省文物考古研究所：《盘龙城——1963-1994年考古发掘报告》，文物出版社，2001年。

- 蒋卫东：《神圣与精致——良渚文化玉器研究》，浙江摄影出版社，2007年。

- 荆三林：《中国生产工具发展史》，中国展望出版社，1986年。

- 荆州博物馆：《石家河文化玉器》，文物出版社，2008年。

- 李久芳主编：《鼻烟壶——故宫博物院藏文物珍品全集》，商务印书馆（香港）有限公司，2003年。

- 李养正：《新编北京白云观志》，宗教文化出版社，2003年。

- 林华东：《论良渚玉器的制作工艺》，徐湖平主编《东方文明之光——良渚文化发现60周年纪念文集》，海南国际新闻出版中心，1996年。

- 刘道荣、王玉民、崔文智：《赏玉与琢玉》，百花文艺出版社，2004年。
- 刘云辉：《北周隋唐京畿玉器》，重庆出版社，2000年。
- 栾秉璈：《古玉鉴别》，文物出版社，2008年。
- 明·高濂撰、钟惺校阅：《遵生八牋》，卷十四，燕闲清赏牋，弦雪居重订遵生八牋，万历间刊本。
- 明·宋应星原著，罗振玉署：《天工开物》（据民国涉园重刊本影印），国际文化出版公司，1995年。
- 牟永抗：《关于石器制玉工艺考古学研究的一些看法》，钱宪和、方建能编：《史前制玉工艺技术》，台湾博物馆，2003年。
- 南京博物院、无锡市博物馆、江阴博物馆：《祈头山——太湖西北部新石器时代考古报告之一》，文物出版社，2007年。
- 南京博物院、张家港市文广局、张家港博物馆：《江苏张家港市东山村新石器时代遗址》，《考古》2010年8期。
- 南京博物院：《江苏武进寺墩遗址的试掘》，《考古》1981年3期。
- 彭适凡：《新干古玉》，台湾典藏艺术家庭有限公司，2003年。
- 桑行之等：《说玉》，上海科技教育出版社，1993年。
- 上海博物馆：《中国隋唐至清代玉器学术研讨会论文集》，上海古籍出版社，2002年。
- 孙长庆：《新石器时代石材绳切技术研究》，《北方文物》2005年3期。
- 王方：《金沙遗址出土玉器的初步研究与认识》，张忠培、徐光冀主编《玉魂国魄——中国古代玉器与传统文化学术讨论会文集》，北京燕山出版社，2008年。
- 王琳：《从几件铜柄玉兵看商代金属与非金属

的结合铸造技术》，《考古》1987年4期。

· 王明达、方向明、徐新民：《塘山遗址发现良渚文化制玉作坊》，《文物报》2002年9月20日。

· 王正书：《上博玉雕精品鲜卑头铭文补释》，《文物》1999年4期。

· 徐启宪主编：《宫廷珍宝——故宫博物院藏文物珍品全集》，商务印书馆（香港）有限公司，2004年。

· 薛贵笙主编：《中国玉器赏鉴》，上海科学技术出版社，1996年。

· 扬州博物馆、天长市博物馆：《汉广陵国玉器》，文物出版社，2003年。

· 杨伯达：《关于琢玉工具的再探讨》，杨伯达著《杨伯达论玉——八秩文选》，紫禁城出版社，2006年。

· 杨伯达主编：《中国玉器全集》，河北美术出版社，1993年。

· 杨伯达：《古玉鉴定——隋唐至明清》，广东教育出版社，2006年。

· 杨建芳：《关于线割、砣切割和砣刻——兼论始用砣具的年代》，《文物》2009年7期。

· 殷志强：《古玉菁华》，南京博物院，2000年。

· 于建设主编：《红山玉器》，远方出版社，2004年。

· 张广文：《古代玉器加工中的钻杆式治玉工具》，赤峰学院红山文化国际研究中心：《红山文化研究——2004年红山文化国际学术研讨会论文集》，文物出版社，2006年。

· 张广文：《凌家滩出土新石器时代玉器上的V、U形截面加工痕与片状厚砣具的使用》，张敬国主编《凌家滩文化研究》，文物出版社，2006年。

· 张广文主编：《玉器——故宫博物院藏文物珍品大系》，上海世纪出版股份有限公司、上海科学技术出版社，2008年。

· 张敬国、陈启贤：《管形工具钻孔之初步实验——玉器雕琢工艺显微探索之二》，杨建芳师生古玉研究会编著《玉文化论丛1》，文物出版社、众志美术出版社，2006年。

· 张明华：《中国古玉发现与研究100年》，世纪出版集团上海书店出版社，2004年。

· 张祖方：《良渚文化的琢玉工艺——兼谈家族墓地》，邓聪主编：《东亚玉器·II》，香港中文大学中国考古艺术研究中心，1998年。

· 章乃炜：《清宫述闻》，北京古籍出版社，1988年。

· 赵永魁、张加勉：《中国玉石雕刻工艺技术》，北京工艺美术出版社，1998年。

· 浙江省文物考古研究所、上海市文物管理委员会、南京博物院编著：《良渚文化玉器》，文物出版社、两木出版社，1989年。

· 浙江省文物考古研究所：《反山》，文物出版社，2005年。

· 浙江省文物考古研究所：《瑶山》，文物出版社，2003年。

· 中国第一历史档案馆、香港中文大学文物馆合编：《清宫内务府造办处档案汇总》，人民出版社，2005年。

· 中国国家博物馆、徐州博物馆：《大汉楚王——徐州西汉楚王陵墓文物辑萃》，中国社会科学出版社，2005年。

· 中国科学院考古研究所编著：《殷墟的发现与研究》，科学出版社，1994年。

· 中国美术全集编辑委员会：《中国美术全集·绘画编·隋唐五代绘画》，人民美术出版社，2006年。

· 中国社会科学院考古研究所、香港中文大学考古艺术研究中心编：《玉器起源探索——兴隆洼文化玉器研究及图录》，香港中文大学中国考古艺术研究中心，2007年。

- 周南泉、冯乃恩：《中国古代手工艺术家志》，紫禁城出版社，2008年。
- 周南泉、王名时：《北京团城内渎山大玉海考》，《文物》，1980年4期。
- 周南泉主编：《玉器——故宫博物院藏文物珍品全集》，生活·读书·新知三联书店、商务印书馆（香港）有限公司，1996年。
- 朱家溍主编：《明清家具（下）——故宫博物院藏文物珍品全集》，商务印书馆（香港）有限公司，2002年。